Wilfried Krenn | Herbert Puchta

Gute Idee! A2

DEUTSCH FÜR JUGENDLICHE
ARBEITSBUCH PLUS INTERAKTIVE VERSION

Deutsch als Fremdsprache

HUEBER VERLAG

Beratung:
Cristina Ortega Lupiáñez, Granada, Spanien
Robert Poljan, Bjelovar, Kroatien

Der Verlag weist ausdrücklich darauf hin, dass im Text enthaltene externe Links vom Verlag nur bis zum Zeitpunkt der Buchveröffentlichung eingesehen werden konnten. Auf spätere Veränderungen hat der Verlag keinerlei Einfluss. Eine Haftung des Verlags ist daher ausgeschlossen.

Das Werk und seine Teile sind urheberrechtlich geschützt. Jede Verwertung in anderen als den gesetzlich zugelassenen Fällen bedarf deshalb der vorherigen schriftlichen Einwilligung des Verlags.

Eingetragene Warenzeichen oder Marken sind Eigentum des jeweiligen Zeichen- bzw. Markeninhabers, auch dann, wenn diese nicht gekennzeichnet sind. Es ist jedoch zu beachten, dass weder das Vorhandensein noch das Fehlen derartiger Kennzeichnungen die Rechtslage hinsichtlich dieser gewerblichen Schutzrechte berührt.

3.	2.	1.		Die letzten Ziffern
2028 27	26	25	24	bezeichnen Zahl und Jahr des Druckes.

Alle Drucke dieser Auflage können, da unverändert, nebeneinander benutzt werden.
1. Auflage
© 2024 Hueber Verlag GmbH & Co. KG, München, Deutschland
Diese internationale Ausgabe ist genehmigt in Ungarn: Gutachter: Bertalan, László; Dr. Várady, Ferenc
Gute Idee! A2 Arbeitsbuch: Registrierungsnummer KV/205-1/2024, HV-523-240207
Umschlaggestaltung: Sieveking Agentur, München
Layout und Satz: Sieveking Agentur, München
Verlagsredaktion: Veronika Kirschstein, Lektorat und Projektmanagement, Gondelsheim;
Gisela Wahl, Hueber Verlag, München
Druck und Bindung: Passavia Druckservice GmbH & Co. KG, Passau
Printed in Germany
ISBN 978-3-19-951824-2

WEGWEISER

GUTE IDEE! A2
hat sechs Module. Jedes Modul hat zwei Lektionen und einen zweiseitigen Test.

LEKTION | Jede Lektion enthält …

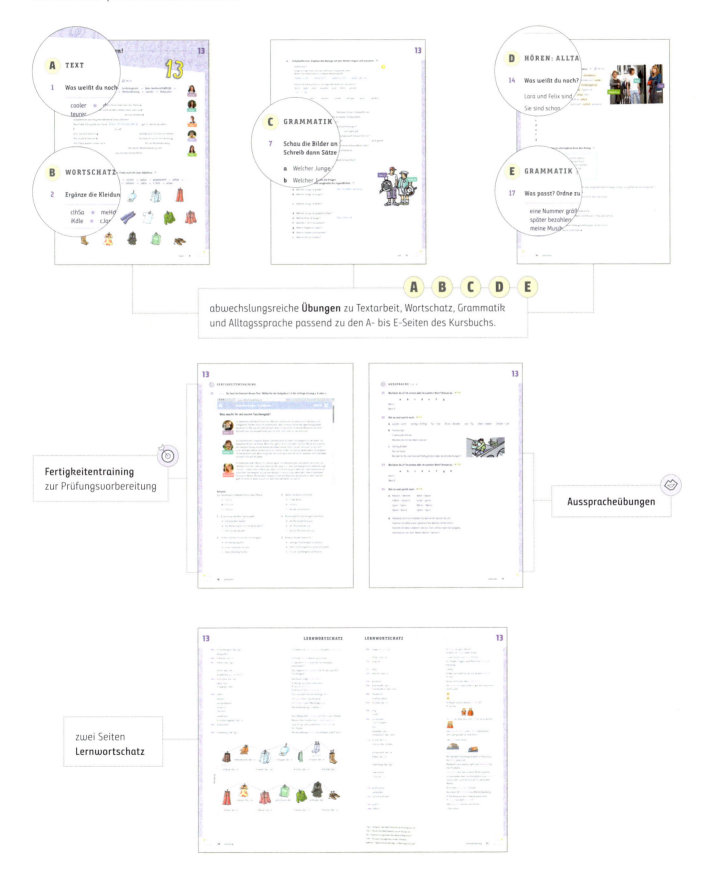

WEGWEISER

TEST | Nach 2 Lektionen gibt es einen Test zu Grammatik, Wortschatz und Alltagssprache.

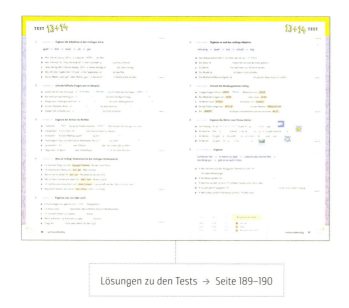

Lösungen zu den Tests → Seite 189–190

SYMBOLE

C1	Nach dieser Kursbuch-Aufgabe kannst du die Übung lösen.
◁) 1/3	Hörtext zur Übung, auf CD oder über die App abrufbar
KB S. 14	Beim Lösen dieser Aufgabe hilft dir der Text auf der angegebenen Kursbuchseite weiter.
👄	Übungen zur Aussprache
🎯	Prüfungsaufgaben zum Lesen, Hören und Schreiben

GRAMMATIK
Tipps zum Lernen von **Grammatik**

WORTSCHATZ
Tipps zum Lernen von **Wortschatz**

LESEN IN DER PRÜFUNG
Strategien zum Hören, Lesen, Schreiben und Sprechen **für** die **Prüfung**

Weißt du's noch? S. 186–188
Grammatik-Wiederholung

4 vier

GUTE IDEE!
Unterrichten und Lernen –
wie und wo man will:

» Hörtexte und interaktive Übungen lassen sich direkt aufrufen und im integrierten Player abspielen – ganz einfach ohne Download oder weitere Abspielgeräte.

» Die Aufgaben im Buch stehen interaktiv mit Lösungsanzeige zur Verfügung und lassen sich direkt starten.

» Werkzeuge wie Marker, Kommentar, Lupe und Vollbildmodus sind integriert und helfen beim Lernen in der Klasse und zu Hause.

» Mit unserer *Hueber interaktiv App* kann man die interaktive Version auch offline nutzen und auf eine Vielzahl der Materialien des Lehrwerks per Smartphone zugreifen.

 Der Startcode für die interaktive Version steht auf der vorderen Umschlagseite.

INHALT

START Wie waren deine Ferien? ... 8

13 | Das muss ich haben! ... 9
AUSSPRACHE | ü – ö ... 17
FERTIGKEITENTRAINING | Lesen · Hören · Schreiben ... 18
LERNWORTSCHATZ ... 20

14 | Einmal um die Welt 22
AUSSPRACHE | -ig – -ich ... 24
FERTIGKEITENTRAINING | Lesen · Hören ... 32
LERNWORTSCHATZ ... 34

13 + 14 | TEST ... 36

15 | Kennst du ihn? ... 38
AUSSPRACHE | Betonung und Satzmelodie ... 47
FERTIGKEITENTRAINING | Lesen · Hören · Schreiben ... 48
LERNWORTSCHATZ ... 50

16 | Was für eine Idee! ... 52
AUSSPRACHE | b – p, d – t, g – k ... 60
FERTIGKEITENTRAINING | Lesen · Hören · Schreiben ... 61
LERNWORTSCHATZ ... 64

15 + 16 | TEST ... 66

17 | Wenn ich das schaffe, ... 68
AUSSPRACHE | z – tz ... 72
FERTIGKEITENTRAINING | Lesen · Hören · Sprechen ... 77
LERNWORTSCHATZ ... 80

18 | Damals durfte man das nicht 82
AUSSPRACHE | ch ... 87
FERTIGKEITENTRAINING | Lesen · Hören · Sprechen ... 92
LERNWORTSCHATZ ... 94

17 + 18 | TEST ... 96

INHALT

19 | Mein Vorbild, mein Idol 99
AUSSPRACHE | h 102
FERTIGKEITENTRAINING | Lesen · Hören · Schreiben 108
LERNWORTSCHATZ 110

20 | Lasst mich doch erwachsen werden! 112
AUSSPRACHE | f – v – b – w 118
FERTIGKEITENTRAINING | Lesen · Hören · Schreiben 122
LERNWORTSCHATZ 124

19 + 20 | TEST 126

21 | Ein toller Film, eine tolle Serie! 128
AUSSPRACHE | Wortakzent 134
FERTIGKEITENTRAINING | Lesen · Hören · Schreiben 138
LERNWORTSCHATZ 140

22 | Intelligenz und Gedächtnis 142
AUSSPRACHE | ng 145
FERTIGKEITENTRAINING | Lesen · Hören · Schreiben 150
LERNWORTSCHATZ 152

21 + 22 | TEST 154

23 | Weißt du, wer das erfunden hat? 156
AUSSPRACHE | Satzmelodie 164
FERTIGKEITENTRAINING | Lesen · Hören · Sprechen 165
LERNWORTSCHATZ 168

24 | Wo liegt Atlantis? 170
AUSSPRACHE | r, l und n 178
FERTIGKEITENTRAINING | Sprechen · Schreiben 179
LERNWORTSCHATZ 182

23 + 24 | TEST 184

Grammatik-Wiederholung: Weißt du's noch? 186
Lösungen Tests 189
Partnerübungen 191

sieben 7

START — Wie waren deine Ferien?

1 Was haben die Jugendlichen gemeinsam? Schreib Sätze mit den Informationen aus der Tabelle. _S. 9, 1_

	Erik	Pablo	Lucia	Frida
Heimatland	Schweden	Spanien	Spanien	Schweden
Alter	17	16	15	16
Geschwister	zwei Schwestern	ein Bruder	zwei Schwestern	zwei Brüder
Wohnen	Wohnung	Haus	Wohnung	Haus mit Garten
Lieblingsspeise	Pizza	Paella	Pizza	Fisch
Hobbys	Fernsehen, Kino	Fußball, Schach	Reiten, Fußball, Fernsehen	Pferde, Basketball
Fremdsprachen	Englisch	Englisch	Englisch, Französisch	Englisch

… kommen aus … … sind Mädchen. … sind … Jahre alt. / … ist … Jahre alt.
… haben … Geschwister. / … hat … … wohnen in … … gern …
… mögen … / … mag … … sprechen … / … spricht …

Erik und Frida kommen aus Schweden, Pablo und Lucia …
Lucia und Frida sind Mädchen, Pablo und Erik sind …

2 Schreib über dich. Finde Gemeinsamkeiten mit den Jugendlichen in **1**. _S. 9, 1_

Ich komme aus …
Ich bin … Jahre alt, so wie …

3 Gemeinsamkeiten. Ergänze die Dialoge. _S. 9, 1_

- **a** Maria: Es ist *Viertel nach fünf*. Jetzt _____ meine Lieblingssendung _____ .
  Tom: Meinst du „Friends"? Das sehe ich auch gern.
- **b** Julian: Kannst du _____ ?
  Stefan: Nein.
  Julian: Ich auch nicht.
- **c** Carina: Wann hast du Geburtstag?
  Connie: _____ .
  Carina: Wirklich? Meine Schwester auch.
- **d** Julia: Hast du die _____ ?
  Eva: Ja, aber die vierte Rechnung verstehe ich nicht.
  Julia: Ich auch nicht.
- **e** Lisa: Mir geht es nicht so gut. Ich habe immer noch _____ . Und dir?
  Veronika: Mir geht es besser. Ich habe ein _____ genommen.
- **f** Frau Bäcker: Entschuldigen Sie, wie komme ich _____ ?
  Herr Kastner: _____ Sie einfach _____ und dann links. Ich muss auch zur Post.

Kopfschmerzen ★
geradeaus ★
kommen … mit ★
~~Viertel nach fünf~~ ★
Gitarre spielen ★
Mathehausaufgabe gemacht ★
am zehnten Vierten ★
Medikament ★
zur Post ★
fängt … an

4 Was haben die Personen in **3** gemeinsam? Schreib Sätze. _S. 9, 1_

Maria und Tom sehen gern …

8 acht

Das muss ich haben! — 13

A TEXT

1 Was weißt du noch? Ergänze den Text. A2 KB S. 11

| cooler ★ dagegen ★ Modetipps ★ Sonderangebote ★ ~~Zehn- bis Vierzehnjährige~~ ★ |
| teurer ★ Schuluniformen ★ was ★ Markenkleidung ★ anzieht ★ Babysitten |

Wer will Schuluniformen?

Im Forum diskutieren Schüler und Schülerinnen über das Thema **a** _____.

Leonie ist dafür. Am Morgen weiß sie dann immer schon, was sie **b** _____.

Dünya ist **c** _____. Sie will Isabellas **d** _____

ausprobieren und mag deshalb keine Schuluniformen.

Max findet Schuluniformen für **e** _Zehn- bis Vierzehnjährige_ gut. Er möchte anziehen,

f _____ er will.

Amir hat kein Geld für **g** _____, deshalb ist er für Schuluniformen.

Mia verdient Geld mit **h** _____. Das braucht sie für ihre Kleidung.

Ihre Eltern kaufen immer nur **i** _____ für sie. Markenkleidung

ist aber viel **j** _____. Mia denkt, Markenkleidung sieht

k _____ aus als jede Schuluniform.

 Leonie
 Dünya
 Max
 Amir
Mia

B WORTSCHATZ | Kleidung

2 Ergänze die Kleidungsstücke mit Artikel. Finde auch die zwei Adjektive. B1

| clhSa ★ meHd ★ oeHs ★ ocSnke ★ uScheh ★ apKpe ★ ~~dHsahecnuh~~ ★ tefilSe ★ |
| iKdle ★ cJaek ★ kRco ★ taMnel ★ luPulore ★ luBse ★ S-Thrit ★ anJes |

die Handschuhe

aekrrit   setfgiret

3 Wie heißt der Plural? Trag die Wörter aus Übung **2** in die Tabelle ein. B1

-(e)n		
-e / ¨e	der Handschuh die Handschuhe	
– / ¨		
-s	der Schal die Schals	– die Jeans
-er / ¨er		

Weißt du's noch? S. 187
Singular ●●● und Plural ●

4 Wie viel kosten die Kleidungsstücke? Hör zu und schreib die Preise. B1 1/01

___,___ €

___,___ €

___,___ €

16,00 €

___,___ €

___,___ €

___,___ €

___,___ €

Alles -50 %

5 Die Kleidungsstücke aus Übung **4** sind heute im Sonderangebot (= minus 50 Prozent). Wer kauft was? Wie viel kosten die Kleidungsstücke heute? Schreib Sätze. B1

Weißt du's noch? S. 187
Artikelwörter und Pronomen

a (Anne – Kleid)   Anne kauft ein Kleid. Das Kleid kostet 38 €, heute kostet es aber nur 19 €.

b (Julian – Kappe)

c (Carina – Rock)

d (Yvonne – Handschuhe)

e (Thomas – Mantel)

f (Markus – T-Shirt)

10   zehn

6 Schuluniformen. Ergänze die Dialoge mit den Verben *tragen* und *aussehen*. B1

WORTSCHATZ

Einige wichtige Verben wechseln im Präsens Singular den Vokal.
Notiere den Vokalwechsel so in deinem Wortschatzheft:

tragen (a/ä)   essen (e/i)   sehen (e/ie)   laufen (au/äu)

Notiere den Vokalwechsel bei den folgenden Verben aus *Gute Idee! A1*:

fahren   laufen   sehen   aussehen   essen   helfen   sprechen
ä   äu

schlafen   raten   nehmen   werden   anfangen   geben   gefallen

a In England _____ fast alle Schüler Schuluniformen.

b Die Sportschuhe kann ich sicher nicht zu meiner Schuluniform _____ .
   Das _____ komisch _____ .

c ○ _____ du deine Schuluniform gern?
   ◆ Ja, ich finde, sie _____ auch ganz gut _____ .

d ○ _____ ihr in eurer Schule auch Schuluniformen?
   ◆ Ja, aber sie gefallen mir nicht, alle Schüler _____ jetzt gleich _____ .

e ○ Warum _____ Julian seine Schuluniform nicht?
   ◆ Er denkt, er _____ schrecklich _____ .

f Ich möchte nicht wie alle anderen _____ .
   Ich _____ sicher keine Schuluniform.

C GRAMMATIK | Komparativ

7 Schau die Bilder an und lies die Fragen. Schreib dann Sätze und vergleiche die Jugendlichen. C1

Tom, 17   Kevin, 16

a Welcher Junge ist größer?   Tom ist größer als Kevin.
b Welcher Junge ist jünger?
c Welcher Junge ist dicker?
d Welcher Junge ist sympathischer?
e Welche Hose ist länger?   Toms Hose ist
f Welches T-Shirt ist dunkler?
g Welche Kappe ist cooler?
h Welche Socken sind wärmer?
i Welche Uhr ist schöner?

8 Ergänze die Tabelle.

	langsam	laut	schwierig	hässlich	alt
Komparativ					älter

	kurz	gut	viel	gern
Komparativ				

9 Ergänze die Sätze mit den Adjektiven aus Übung 8.

a Mein Handy ist _____ als Kevins Handy. Ich habe es schon ein Jahr, er hat sein Handy erst fünf Monate.

b Die neue Lampe gefällt mir überhaupt nicht. Sie ist _____ als die alte Lampe.

c Ich bin nicht gut in Mathematik. Ich finde Mathe _____ als Deutsch.

d Im Winter sind die Tage in Deutschland _____ als die Nächte.

e Ich sehe ganz gern Fußball im Fernsehen. Mein Bruder sieht Fußball aber noch _____ als ich.

f Mit dem Bus brauche ich zwanzig Minuten zur Schule, mit dem Fahrrad nur fünfzehn Minuten. Mit dem Bus bin ich also _____ als mit dem Fahrrad.

g Mein Bruder spielt ganz gut Tennis, aber meine Schwester spielt noch _____ als er.

h In unserer Klasse sind 35 Schüler, da ist es _____ als in der B-Klasse. Dort sind nur 22 Schüler.

i Kannst du heute einkaufen gehen? Du hast _____ Zeit als ich.

10 Finde die Gegenteile zu den Adjektiven und schreib den Komparativ.

a langsam – schnell – schneller
b kurz – lang –
c laut – leise –
d schwierig – einfach –
e hässlich – schön –
f alt – neu –
g gut – schlecht –
h viel – wenig –
i langweilig – interessant –
j reich – arm –
k intelligent – dumm –
l gesund – krank –
m traurig – lustig –
n warm – kalt –

11 ... als ... oder so ... wie ...? Schreib Sätze.

a Peter 17 Jahre | Lukas 17 Jahre *Peter ist so alt wie Lukas.*
b heute 12 Grad | gestern 5 Grad
c Porsche 240 km/h | VW Golf 160 km/h
d Oktober 31 Tage | März 31 Tage
e Jan 385 Briefmarken | Pia 795 Briefmarken
f Miriam 165 cm | Sonja 165 cm
g Tom Mathematik Note 1 | Englisch Note 3

12 Lies die Anzeigen und vergleiche die Einkaufszentren. Schreib Sätze. C3

viele Geschäfte ★ lange offen ★ groß ★ alt ★
wenige Restaurants ★ schön ★ interessant ★ billig

NEUERÖFFNUNG
Einkaufszentrum Messepark
- 26 Geschäfte
- Restaurants und Bars
- Kino

Öffnungszeiten:
Mo–Sa 9–21 Uhr

Einkaufszentrum Arkade
im wunderschönen Stadtzentrum von Altbach
- 8 Geschäfte
- ein Restaurant

Mo–Fr 9–19 Uhr
Sa 9–13 Uhr

FEIERN SIE MIT!
30 Jahre EZ *Arkade*
viele Jubiläumsangebote

Das EZ Messepark hat mehr Geschäfte als das EZ Arkade.

13 Vergleiche. Schreib wahre persönliche Sätze. C3

a ich – meine Freundin / mein Freund
  Ich bin ein Jahr älter als mein Freund Lukas.

b meine Heimatstadt – eine andere Stadt (z. B. Rom)

c Geschichte – Deutsch

d meine Lieblingsserie – Nachrichtensendungen

e meine Lieblingsmusik – andere Musik (z. B. Popmusik)

f Wochentage – das Wochenende

g mein Lieblingsfilm – ein anderer Film (z. B. „Wonderwoman")

13

D HÖREN: ALLTAGSSPRACHE

14 Was weißt du noch? Ordne zu und schreib Sätze.

Lara und Felix sind …	nicht mehr minmketom .
Sie sind schon …	Pullover, Hemden und soeHn .
Felix probiert …	in einem Kleiderhgäfecst .
Die Modefarben …	gafeelln Felix nicht.
Deshalb …	sehr naleg dort.
Felix möchte …	kauft er nshcit .
Doch Lara möchte …	auch noch cuSheh probieren.

a
b
c
d
e
f
g

15 Was passt? Ordne zu und ergänze dann den Dialog.

```
auf …                    nichts machen
da kann man …            meinem Tisch
vielleicht …             das nächste Mal
sie passt zu …           keinen Fall
die ist …                in Rot
gibt es sie auch …       zu groß
```

Silvia: Das ist schon das dritte Möbelgeschäft, Anja. Kauf doch endlich etwas. Schau, wie gefällt dir die Lampe hier?

Anja: Nein, die passt *auf keinen Fall,* **a** _____.

Aber ich glaube, die Lampe hier geht vielleicht. Was meinst du?

Ich denke, **b** _____.

Silvia: Ja, nimm sie doch.

Anja: Aber Schwarz gefällt mir nicht. … Vielleicht **c** _____?

Silvia: Nein, die Lampe gibt es nur in Weiß und Schwarz. Schau, da steht es.

Anja: Schade, aber **d** _____.

Wir müssen in ein anderes Möbelgeschäft gehen. Komm, Silvia.

Silvia: Tut mir leid, Anja. Heute nicht mehr, **e** _____.

16 Ergänze die Dialoge mit *zu* + Adjektiv.

~~alt~~ ★ schwierig ★ kalt ★ weit ★ klein ★ jung ★ einfach ★ teuer

a ○ Morgen hat mein Großvater seinen 80. Geburtstag. Ich gehe mit ihm in den Club.
   ◆ Das kannst du nicht machen, er ist _zu alt_.

b ○ Ich fahre am Wochenende Ski und mache Wintercamping mit meinem Zelt.
   ◆ Du machst Spaß. Es ist doch _____.

c ○ Ich probiere einmal das Kinderfahrrad von meinem Bruder.
   ◆ Nein, mach das nicht, es ist _____.

d ○ Ich bin sicher, ich kann in zwei Monaten Russisch lernen.
   ◆ Das geht bestimmt nicht, das ist _____.

e ○ Mein Onkel möchte nächste Woche an einem Tag mit dem Auto von Wien nach London fahren.
   ◆ Das geht doch nicht, das ist _____.

f ○ Morgen gehe ich mit meiner kleinen Schwester ins Kino. Wir sehen einen Dracula-Film.
   ◆ Das geht doch nicht, sie ist _____.

g ○ Schau dir diesen Mathematiktest an. Eine Aufgabe ist 2 + 3 = x.
   ◆ Das glaube ich nicht, das ist _____.

h ○ Schau, die Schuhe möchte ich haben. Sie kosten 190 €.
   ◆ Kauf die Schuhe nicht. Sie sind _____.

E GRAMMATIK | Konjunktiv II *(würde, könnte)*

17 Was passt? Ordne zu und schreib dann höfliche Fragen in der Ich-Form.

eine Nummer größer haben ★ einen neuen Schreibtisch bekommen ★ deine Hausaufgabe sehen ★ später bezahlen ★ in den Club mitgehen ★ ~~mehr Pommes frites haben~~ ★ mit euch im Auto mitfahren ★ meine Musik auf deine Boxen streamen ★ bei euch im Team mitspielen

a Du bist noch hungrig. _Könnte ich mehr Pommes frites haben?_
b Das T-Shirt ist zu klein. _____
c Du hast kein Geld. _____
d Du möchtest nicht zu Fuß gehen. _____
e Du willst Musik hören. _____
f Du hast die Hausaufgabe nicht verstanden. _____
g Du willst am Wochenende tanzen gehen. _____
h Du willst auch Basketball spielen. _____
i Dein Zimmer gefällt dir nicht mehr. _____

18 Welche Sätze passen zu welchem Bild? Ordne zu.

Weißt du's noch? S. 186
Imperativ

~~Komm doch mit!~~ ★ Erzählt doch mal! ★ Fragen Sie doch den Direktor! ★
Lach doch mal! ★ Kommt doch mit! ★ Trink doch deine Cola! ★
Kommen Sie doch mit! ★ Steigen Sie hier aus! ★ Antwortet bitte schnell!

du — Komm doch mit!

ihr —

Sie —

Sie —

19 Wer möchte was? Hör die Dialoge, ordne die Sätze den Situationen zu und schreib die Imperative.

~~den Kopfhörer geben (du)~~ ★ Popcorn mitbringen (du) ★ den Weg zeigen (Sie) ★ zuhören (ihr) ★
die Aufgabe noch einmal erklären (Sie) ★ Fotos zeigen (du) ★ mitspielen (ihr)

Situation 1: Gib mir den Kopfhörer.
Situation 2:
Situation 3:
Situation 4:
Situation 5:
Situation 6:
Situation 7:

20 Schreib die Imperative aus Übung **19** höflicher.

~~Könntest du~~ ★ Würdest du ★ Könnten Sie ★ Würden Sie ★
Könntet ihr ★ Würdet ihr ★ Könntest du

a Könntest du mir den Kopfhörer geben?
b
c
d
e
f
g

16 sechzehn

AUSSPRACHE | ü – ö

21 Wo hörst du *ü*? Im ersten oder im zweiten Wort? Kreuze an. 🔊 1/03

	a	b	c	d	e	f	g
Wort 1	○	○	○	○	○	○	○
Wort 2	○	○	○	○	○	○	○

22 Hör zu und sprich nach. 🔊 1/04

a würde – wird   vierzig – fünfzig   Tür – Tier   Brille – Brücke   vier – für   üben – lieben   Gefühl – viel

b Yvonne übt.
Yvonne übt mit mir.
Würdest du mit mir üben, Yvonne?

c fünfzig Brillen
für vier Euro
Würdet ihr für vier Euro die fünfzig Brillen über die Brücke bringen?

23 Wo hörst du *ö*? Im ersten oder im zweiten Wort? Kreuze an. 🔊 1/05

	a	b	c	d	e	f	g	h
Wort 1	○	○	○	○	○	○	○	○
Wort 2	○	○	○	○	○	○	○	○

24 Hör zu und sprich nach. 🔊 1/06

a können – kennen   böser – besser
höflich – hässlich   schön – gehen
lesen – lösen   Wörter – Wetter
könnt – kennt   sehen – hören

b Könntest du Erich einladen? Du kennst ihn besser als ich.
Könnten Sie bitte lauter sprechen? Wir können nichts hören.
Könntet ihr bitte zuhören? Lest den Text und löst dann die Aufgabe.
Könntest du mir fünf „Wetter-Wörter" nennen?

13

FERTIGKEITENTRAINING

25 LESEN Du liest im Internet diesen Text. Wähle für die Aufgaben 1–5 die richtige Lösung a, b oder c.

www.realschule-grossau.at

Realschule Großau – Schulforum   FORUM

Was macht ihr mit eurem Taschengeld?

Alina, 13: Ich bekomme jede Woche fünf Euro. Mit dem Geld kaufe ich meistens Eis, Bonbons und Süßigkeiten. Kleider muss ich nicht kaufen, aber ich muss meine Handyrechnung selbst bezahlen. Im Mai war sie nicht so hoch. Aber ich bin sicher, in diesem Monat ist sie höher. Da bleibt vom Taschengeld nicht viel. Ich darf nicht mehr so viel streamen.

Stefan, 15: Ich möchte einen Computer kaufen. Deshalb lasse ich mein Taschengeld auf der Bank. Ich bekomme 30 Euro im Monat. Manchmal gehe ich mit Freunden ins Kino. Meine Schulsachen, die Handyrechnung und die Kleider bezahlen meine Eltern. So ein Computer ist natürlich teuer. Deshalb arbeite ich manchmal für meinen Onkel. Ich mache Gartenarbeit. Da verdiene ich ein bisschen Geld. Aber ich glaube, ich muss noch sehr oft für ihn arbeiten. Viel Geld habe ich noch nicht auf der Bank.

Bianca, 14: Ich bekomme jeden Monat 25 € Taschengeld. Ich bekomme das Geld immer am Ersten, am Zehnten ist es dann meistens schon wieder weg. Ein- oder zweimal gehe ich einkaufen und ins Kino – schon habe ich kein Geld mehr. Ich möchte so gern älter sein, dann bekomme ich auch mehr Taschengeld, so wie mein Bruder. Er ist nur zwei Jahre älter, aber er bekommt 50 Euro im Monat. Meine Eltern meinen: Er hat ein Motorrad, da braucht er mehr Taschengeld. Ich finde, er kann ja auch mit dem Fahrrad fahren, so wie ich.

Beispiel:
Als Taschengeld bekommt Alina jeden Monat ...
- a 5 Euro.
- ☒ 20 Euro.
- c 13 Euro.

1 Alina muss mit dem Taschengeld ...
- a Schulsachen kaufen.
- b die Rechnung für ihr Handy bezahlen.
- c ihre Schuhe kaufen.

2 Stefan möchte mit seinem Taschengeld ...
- a ein Handy kaufen.
- b einen Computer kaufen.
- c neue Kleidung kaufen.

3 Stefan verdient auch Geld ...
- a in der Bank.
- b im Kino.
- c bei der Gartenarbeit.

4 Bianca gibt ihr Taschengeld meistens ...
- a am Monatsanfang aus.
- b am Monatsende aus.
- c bis zur Monatsmitte aus.

5 Biancas Bruder bekommt ...
- a weniger Taschengeld als Bianca.
- b mehr Taschengeld als seine Schwester.
- c so viel Taschengeld wie Bianca.

26 HÖREN Frau Dr. Liebig ist Psychologin am Institut für Jugendforschung. Hör das Interview mit ihr zum Thema Taschengeld. Schreib die Fragen an sie auf und kreuze die richtigen Antworten an. 🔊 1/07

a ○ Taschengeld – Jugendliche in Deutschland – Bekommen – zu viel – ?
Bekommen Jugendliche in Deutschland zu viel Taschengeld?
- ◯ Ja. ◯ Nein. ◯ Sie ist nicht sicher.

b ○ bekommen – Wie viel Taschengeld – Jugendliche in Deutschland – ?
- ◯ Zwischen 15 und 20 Euro. ◯ Mehr als 30 Euro. ◯ Circa 10 Euro.

c ○ gibt es – zwischen Jungen und Mädchen – Welche Unterschiede – ?
- Mädchen bekommen ◯ mehr Taschengeld als Jungen. ◯ weniger Taschengeld als Jungen. ◯ so viel Taschengeld wie Jungen.

d ○ bekommen – Jugendliche – Warum – Taschengeld – ?
- ◯ Sie wollen Sachen kaufen. ◯ Sie lernen Geld ausgeben.

e ○ kaufen – von ihrem Taschengeld – Was – Jugendliche – ?
- ◯ Schokolade. ◯ Fahrkarten. ◯ Sportsachen.

f ○ Jugendliche – auch Kleider und Schulsachen – Müssen – kaufen – von ihrem Taschengeld – ?
- ◯ Ja. ◯ Nein.

HÖREN IN DER PRÜFUNG

Die Personen in einem Hörtext sprechen manchmal sehr schnell. Vielleicht verstehst du manche Wörter beim Hören nicht. Das ist aber kein Problem. Hör einfach weiter zu. Du musst nicht alle Wörter verstehen.

Zum Beispiel:
Du hörst die ▓▓▓▓▓-Wörter nicht, du kannst aber sicher die zwei Fragen beantworten:
1. Wer spricht wo?   2. Was ist das Thema?

„Hallo und guten Tag bei ▓▓▓▓▓, unserem Pod▓▓▓▓▓ für junge Hörer. ▓▓▓▓▓ ▓▓▓▓▓ sprechen wir heute mit Frau Dr. ▓▓▓▓▓ über das Thema Taschengeld."

---

27 SCHREIBEN Lies zuerst die Anzeigen in Übung 12 auf Seite 13 noch einmal. Lies dann Sabrinas Nachricht und schreib eine kurze Antwort.

Hallo ..., wir möchten morgen Nachmittag einkaufen gehen. Ich habe fast nichts mehr in meinem Kleiderschrank 😉, und Petra auch nicht. Vielleicht gehen wir ins Einkaufszentrum Messepark, vielleicht aber auch ins Einkaufszentrum Arkade. Ich war noch nie im Messepark. Was meinst du, welches Einkaufszentrum ist besser? Übrigens, kommst du mit? Tschüs Sabrina

Hallo Sabrina,
ich denke ... ist besser. Dort gibt es ...
Ich komme gern mit. Ich brauche ... /
Ich habe keine Zeit. Ich ...
Ich gehe nicht so gern einkaufen ...
Liebe Grüße ...

13 LERNWORTSCHATZ

A1a • Taschengeld, das *(Sg.)*
babysitten
Ich bekomme Taschengeld und gehe babysitten.

A1b • Marke, die, -n
Ich finde Markenkleidung zu teuer.

A1c • Alter, das *(Sg.)*
In welchem Alter soll man Taschengeld bekommen?

• Amt, das, ⸚er
empfehlen → es empfiehlt
Das Jugendamt empfiehlt für 15-Jährige 20 € Taschengeld.

A2a • Uniform, die, -en
dafür sein
≠ dagegen sein
Die Polizei trägt Uniformen.
○ Bist du für Schuluniformen?
◆ Ja, ich bin dafür.
○ Wirklich? Ich bin dagegen.

A2b offen
sparen
aus·probieren
in sein ≠
out sein
verdienen
• Sonderangebot, das, -e
Das Geschäft hat am Sonntag offen.
Ich spare mein Taschengeld.
Ich probiere gern Modetipps aus.
Markenkleidung ist immer in.

Beim Babysitten verdiene ich 10 € in der Stunde.
Meine Eltern kaufen nur Sonderangebote.

A2d diskutieren
Seid ihr für Schuluniformen? Diskutiert in der Klasse.

B1a • Kleidung, die *(Sg.)*
Meine Lieblingskleidung sind Jeans und T-Shirt.

Kleidung

• Handschuh, der, -e   • Kappe, die, -n   gestreift   • Socke, die, -n
kariert
• Rock, der, ⸚e   • Hemd, das, -en   • Schal, der, -s   • Stiefel, der, -

• Kleid, das, -er   • Pullover, der, -   • Mantel, der, ⸚
• Hose, die, -n   • Bluse, die, -n   • Jacke, die, -n   • Schuh, die, -e

20 zwanzig

LERNWORTSCHATZ 13

B1b	tragen → sie trägt	○ Trägst du gern Röcke? ◆ Nein, ich trage lieber Hosen.
	• Paar, das, -e	= zwei Stück → ein Paar Schuhe
C1a	elegant	Im Theater tragen viele Menschen elegante Kleidung.
C1c	kurz	≠ lang
C2a	• Konto, das, -s	○ Wie viel Geld hast du auf deinem Konto? ◆ 70 €.
C3a	praktisch	Autos sind teuer, aber praktisch.
D1a	• Verkäufer, der, - • Verkäuferin, die, -nen	Der Verkäufer war wirklich gut, die neue Hose passt super.
D1d	freundlich ≠ unfreundlich	
E1a	• Größe, die, -n	○ Haben Sie das Kleid in Größe 40? ◆ Ja, hier.
E1b	eng ≠ weit	
E2c	an·machen = ein·schalten	Machst du bitte das Licht an? Es ist so dunkel.
	still	
	• Arbeiter, der, - • Arbeiterin, die, -nen	Die Arbeiterinnen und Arbeiter bekommen sehr wenig Geld für ihre Arbeit.
⊕1a	• Cent, der, -s	100 Cent sind 1 Euro.
	• Firma, die, Firmen	
	• Transport, der, -e	
	• Rest, der, -e	Mit meinem Taschengeld kaufe ich Kleidung. Den Rest spare ich.
	• Werbung, die (Sg.)	Markenfirmen machen sehr viel Werbung für ihre Produkte.
	übersetzen	Übersetze den Text in deine Muttersprache.
	• Teil, der, -e	Ich bekomme mein Taschengeld in zwei Teilen. 10 Euro am 1. und 10 Euro am 15. von einem Monat.
⊕1b	produzieren	Die Firma produziert Schuhe.
	verkaufen	Das Geschäft verkauft nur Markenkleidung.
⊕2a	zurück·schicken	○ Die Hose aus dem Internet passt nicht. ◆ Schick sie doch zurück!
⊕2b	geehrt-	Sehr geehrte Damen und Herren, …
⊕RR	höflich	≈ freundlich

(Sg.) = Singular: Das Wort kommt nur im Singular vor.
(Pl.) = Plural: Das Wort kommt nur im Plural vor.
(A) = Austria: So sagt man das Wort in Österreich.
(CH) = Schweiz: So sagt man in der Schweiz.
weh·tun = Das Verb ist trennbar. → *Mein Kopf tut weh.*

14 Einmal um die Welt ...

A TEXT

1 Was weißt du noch? Schreib sechs Sätze. KB S. 19

1. Stefan Baumgartner liegt ...
2. Er möchte mit zwei anderen Bergsteigern ...
3. Die Langeweile ist ...
4. Ein Jahr lang haben sie ...
5. Seine Freunde haben ...
6. Jetzt warten die drei ...

den Denali besteigen, aber ...
in seinem Zelt und zählt ...
Stefan sehr oft ...
am Denali und können den Berg ...
furchtbar für ...
ihre Expedition vorbereitet ....

nicht verstanden.
das Wetter ist schlecht.
die drei.
vielleicht überhaupt nicht besteigen.
und jeden Tag trainiert.
die Quadrate auf seinem Schlafsack.

1 Stefan Baumgartner liegt in seinem Zelt und zählt die Quadrate auf seinem Schlafsack.

B WORTSCHATZ | Wetter

2 Finde die Nomen. Schreib auch die Artikel.

a die Niederschläge
b
c
d
e der Sturm
f
g
h

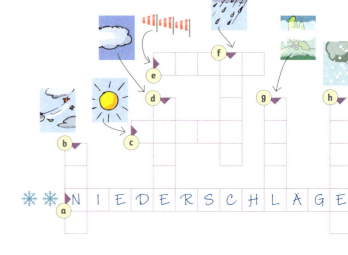

22 zweiundzwanzig

3 Beschreibe das Wetter auf den Bildern.

grau ★ ~~kühl~~ ★ heiß ★ kalt ★ warm ★ ~~windig~~ ★ sonnig ★ neblig ★ bewölkt ★ stürmt ★ schneit ★ regnet

a Es ist windig und kühl (13 Grad).
b Es
c
d
e
f

4 Hör zu. Wie ist das Wetter? Schreib einen Satz zu jeder Situation.

Situation 1:
Situation 2:
Situation 3:
Situation 4:
Situation 5:
Situation 6:

5 Beantworte die Fragen. Schreib persönliche Antworten.

a Wie ist das Wetter heute?

b Wie war das Wetter am Wochenende?

c Was meinst du? Wie ist das Wetter morgen?

d Wie ist das Wetter in deinem Heimatland im Mai?

e Wie ist das Wetter in deinem Heimatland im November?

dreiundzwanzig 23

14

AUSSPRACHE | -ig – -ich

6 Hör zu und markiere. Kannst du im Text fünfundzwanzigmal den *ich*-Laut finden? Unterstreiche. 🔊 1/09

○ Fahren Sie bitte schneller, ich habe wenig Zeit, ich muss pünktlich sein.
◆ Das ist nicht möglich, es ist viel zu neblig.
○ Ich muss in zwanzig Minuten am Flughafen sein. Das ist wichtig für mich.
◆ Das wird schwierig.
○ Bitte fahren Sie nicht so langsam. Vielleicht ist das ja gemütlich, aber …
◆ Bleiben Sie ruhig. Ihr Flugzeug startet sicher nicht. Es ist zu neblig.
○ Aber in dreißig Minuten kann es schon wieder sonnig sein.
◆ Natürlich.
○ Dann fahren Sie doch schneller, Sie …
◆ Bleiben Sie bitte höflich.
○ Taxifahrer sind schrecklich.
◆ Wie bitte?

7 Wie schreibt man das? Hör zu und ergänze *-ig* oder *-ich*. 🔊 1/10

wind**ig**   lust……   traur……   freundl……   glückl……   pünktl……

durst……   hungr……   wen……   led……   langweil……   hässl……

C GRAMMATIK | Partizip II: trennbare Verben · Verben mit *ver-, er-, be-, ent-* · Verben auf *-ieren*

8 Schreib die Verbformen wie im Beispiel in die richtige Tabelle und ergänze dann die Regel. C1

schreiben ★ machen ★ kaufen ★ *zeigen* ★ zählen ★ warten ★ finden ★
suchen ★ ~~geben~~ ★ fragen ★ nehmen ★ leben ★ hören ★ fahren

ge…t			ge…en		
	er/sie	er/sie		er/sie	er/sie
zeigen	zeigt	hat gezeigt	geben	gibt	hat gegeben

24 vierundzwanzig

14

Wie heißt die Regel?

Einige wichtige Verben ★ Die meisten Verben

.... bilden das Partizip mit *ge...t*.
.... bilden das Partizip mit *ge...en*.

Die *en*-Verben musst du gut lernen.

9 Was ist richtig? Unterstreiche die richtige Form. Ergänze die Regel. C1

a Er *ist | hat* in die Stadt gefahren.
b Sie *ist | hat* viel gearbeitet.
c Er *ist | hat* zu Hause geblieben.
d Sie *ist | hat* Hausaufgaben gemacht.
e Er *ist | hat* Volleyball gespielt.
f Er *ist | hat* um acht gekommen.
g Sie *ist | hat* Wasser getrunken.
h Sie *ist | hat* Felix angerufen.
i Er *ist | hat* die Zeitung gelesen.
j Sie *ist | hat* Obst gekauft.

Weißt du's noch? S. 186
Perfekt und Präteritum

Wie heißt die Regel?

Einige wichtige Verben ★ Die meisten Verben

.... bilden das Perfekt mit *haben*.
.... bilden das Perfekt mit *sein*.

Die Verben mit *sein* musst du gut lernen.

10 Lies die Sätze und korrigiere die Fehler. C1

a Wann ~~hat~~ *ist* Mark gestern nach Hause gekommen?
b Wir haben gestern drei Stunden lang *lernen*.
c Christian und Julia *ist* am Wochenende nach Frankfurt geflogen.
d *Seid* ihr das Computerspiel schon gespielt?
e Boris hat eine E-Mail *schreiben*.
f Wir haben zwei Stunden lang *wartet*.

11 Ergänze den Text. C1

angekommen ★ sind ... mitgefahren ★ hat ... abgeholt ★ ist ... abgefahren ★ haben ... angerufen

Hallo Max,

das Skigebiet hier ist fantastisch und das Wetter ist super! Gestern war es leider nicht so schön. Es war sehr windig und es hat sehr stark geschneit. Unser Bus **a** .... pünktlich von zu Hause ...., aber viel zu spät hier **b** .... Deshalb **c** .... uns auch niemand von der Bushaltestelle .... Wir **d** .... dann im Hotel .... und sie haben ein Schneemobil geschickt. Mit dem Schneemobil **e** .... wir dann alle .... Sechs Personen auf einem Schneemobil!

Liebe Grüße
Tom

fünfundzwanzig 25

12 Oliver braucht länger. Ergänze die Dialoge.

○ Ist Oliver schon aufgestanden?
◆ Nein, er sagt, er **a** _steht_ in einer halben Stunde _auf_.
○ Ich rufe ihn an. Hat er sein Handy eingeschaltet?
◆ Nein, am Morgen **b** _____ er sein Handy nie _____.
○ Hat Oliver schon mit dem Frühstück angefangen?
◆ Nein, er **c** _____ gleich mit dem Frühstück _____.
○ Hat Oliver seine Skischuhe schon angezogen?
◆ Nein, er **d** _____ sie gerade _____.
○ Hat er sein Lunchpaket abgeholt?
◆ Nein, er **e** _____ es gleich _____.
○ Hat er dir das Geld für die Fahrkarten schon zurückgegeben?
◆ Nein, er sagt, er **f** _____ es morgen _____.
○ Der Bus fährt gleich ab. Ist Oliver schon eingestiegen?
◆ Nein, aber er **g** _____ gerade _____.
○ Na endlich, es wird auch Zeit!

13 Schreib das Perfekt.

anrufen — _hat angerufen_
ankommen — _____
einladen — _____
aufräumen — _____

mitsingen — _____
anziehen — _____
zuhören — _____
aufpassen — _____

14 Ergänze nun die Dialoge mit den Verben aus Übung 13.

a ○ Heute ist es sehr kalt.
◆ Ja, deshalb _____ ich auch meinen Mantel und meine Handschuhe _____.

b ○ Was hat sie gesagt?
◆ _____ ihr nicht _____? Sie hat gesagt, sie kommt aus Schweden.

c ○ _____ du Manuel auch _____?
◆ Nein, er mag keine Partys, er kommt sicher nicht.

d ○ Dein Zimmer sieht furchtbar aus.
◆ Aber ich _____ es erst gestern _____.

e ○ Wo warst du denn? Ich _____ dich dreimal _____.
◆ Tut mir leid, ich war nicht zu Hause.

f ○ _____ Melanies Zug schon _____?
◆ Ja, wir holen sie jetzt vom Bahnhof ab.

g ○ _____ Benjamin auch _____?
◆ Nein, Benjamin kann nicht singen.

h ○ Toooor! ... Oje, die Blumen.
◆ Meine schönen Blumen! Warum _____ ihr nicht _____?

26 sechsundzwanzig

14

15 Ordne die Verben. Schrieb das Partizip in die Tabelle. C1

probieren ★ notieren ★ ~~bezahlen~~ ★ telefonieren ★ bekommen ★ trainieren ★ entschuldigen ★ erzählen ★ kontrollieren ★ erklären ★ spazieren ★ bedeuten ★ diskutieren ★ verdienen ★ beginnen ★ verlieren ★ besuchen ★ vergessen

be-	er-	ver-	ent-	-ieren
bezahlt				

16 Schreib passende Fragen und mach ein Interview mit einer Freundin / einem Freund. Notiere die Antworten. C2

a Handy verlieren
  Hast du schon einmal dein Handy verloren? (Wann? Wo? ...)
  Ja, im Sommer, im Schwimmbad.

b Geistergeschichte erzählen

c in einem Restaurant Schnecken probieren

d alle Getränke für deine Freunde bezahlen

e länger als eine Stunde telefonieren

f an einem Tag mehr als 80 € verdienen

g mit einem Lehrer oder einer Lehrerin über eine Note diskutieren

h mehr als zehn Geschenke an einem Tag bekommen

siebenundzwanzig 27

14

17 Eine Reise nach Rom. Lies Manuelas Tagebuch. Was ist auf der Reise passiert? Erzähle. C2

Sonntag: 1. Tag
Der Zug fährt pünktlich um 10:30 ab. Julian vergisst seine Tasche auf dem Bahnsteig!
Sabine erzählt wieder einmal Geschichten über ihre Brüder. Stundenlang! ☹
Im Hotel probieren wir echte italienische Spaghetti. Sie schmecken wirklich besser!

Montag: 2. Tag
Julian bekommt seine Tasche wieder. Die Stadtführung beginnt viel zu spät.
Wir besuchen 3 Museen! Wir bekommen keine Karten mehr für das Theater.
Wir spazieren noch ein bisschen durch Rom und dann zum Hotel. Bin sehr, sehr müde.

Manuelas Zug ist pünktlich um halb elf abgefahren. Julian hat …

D HÖREN: ALLTAGSSPRACHE

18 Was weißt du noch? Was passt zusammen? Ordne zu. D2 KB S. 23

Florian sucht ein Hotel für den Familienurlaub.
Er findet eine interessante Internetseite.
Hannah findet die Preise für die Reisen verrückt.
Florian findet eine Reiseidee besonders interessant.
Florian möchte nicht wirklich zum Mount Everest reisen.
Hannah spielt mit Florian Reisebüro.

„Nein danke, das Schiff ist viel zu klein."
„Das meinst du nicht ernst, Florian."
„Ich mache nur Spaß."
„Papa möchte nach Italien. Mama möchte zum Waldsee."
„Die Urlaube sind wirklich cool."
„Familie Steiner auf dem Mount Everest, klingt doch gut, oder?"

19 Was passt? Ordne zu und ergänze dann die Dialoge. D2

Das meinst du …	nur Spaß
Das Rennen …	doch gut
Das klingt …	schwierig
viel zu …	nicht ernst
Ich mache …	ist wirklich cool

Lisa: Schau! **a** *Das Rennen ist wirklich cool* .

Jannik: Was ist das?

Lisa: Der Ironman Triathlon in Hawaii.
Da möchte ich einmal mitmachen.

Jannik: Was muss man da machen?

Lisa: 4 km schwimmen, 180 km Rad fahren und 42 km laufen.

Jannik: **b** _____ ! Das ist ja verrückt!

Lisa: Aber der Oktober in Hawaii ist viel schöner als der Oktober hier:
Sonne, Meer und Strand. **c** _____ , oder?

Jannik: Willst du da wirklich mitmachen?

Lisa: Nein, natürlich nicht, das ist ja **d** _____
für mich. **e** _____ .

28 achtundzwanzig

14

E GRAMMATIK | Präpositionen

GRAMMATIK
Dativ →
- -em
- -em
- -er
- -en (Nomen + n)

20 Mit wem reisen die Personen wohin? Schreib Sätze. E1

Lukas	Schwester	in die Schweiz
Frau Konrad	Eltern	nach Paris
Jan	Bruder	an den Bodensee
Maja	Hund	nach Spanien
Lina	Freunde	nach Hamburg
Nico und Felix	Fußballmannschaft (die)	in die Berge

a Lukas fährt mit seinen Eltern nach Spanien.
b
c
d
e
f

21 Reisevorbereitungen. Ergänze die Sätze mit den Informationen aus dem Bild. E1

Weißt du's noch? S. 188
Präpositionen

a Die Schuhe sind unter dem Bett.
b _____ auf _____ Bett.
c _____ a_____ Schrank.
d _____ hinter _____ Lampe.
e _____ zwischen _____ Tasche
   und _____ Koffer.
f _____ neben _____ Regal.
g _____ i_____ Koffer.
h _____ über _____ Stuhl.

22 Wohin geht die Reise? *Nach* oder *zu*? Ergänze die Überschriften mit der richtigen Präposition.

1. Entdecken Sie den Regenwald: Wir bringen Sie _zum Amazonas_.

China ★ ~~der Amazonas~~ ★ die Pyramiden ★ die Fußballweltmeisterschaft ★ das Konzert ★ Rio de Janeiro

2. Keine Band rockt besser: „Måneskin" in Deutschland. Wir bringen Sie _____ des Jahres.

3. Traumreise _____: Entdecken Sie das Reich der Mitte.

4. Sind Sie ein Fußballfan? Dann fliegen Sie mit uns _____.

5. Feiern Sie mit uns den Karneval in Brasilien: Billigflug _____.

6. Reisen Sie _____: drei Tage Kairo für nur 499 €.

23 Ordne die Präpositionen den Symbolen zu und ergänze die Sätze.

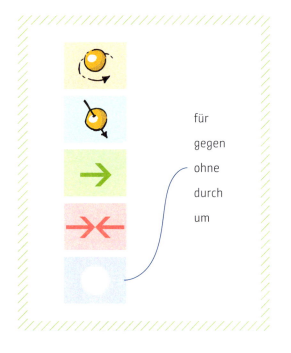

für
gegen
ohne
durch
um

GRAMMATIK

Meistens steht nach einer Präposition der Dativ. Nach den fünf Präpositionen *für, gegen, ohne, durch* und *um* steht aber immer der Akkusativ. Die fünf Präpositionen musst du gut lernen.

a Erik fährt nie _ohne_ seinen Computer ins Ausland.
b Lilo kauft noch Medikamente _____ ihre Reise nach Afrika.
c Auf der Seestraße kann man _____ den ganzen See fahren.
d Ich glaube, wir müssen _____ den Park gehen. Dann kommen wir zum Marienplatz.
e Wir müssen noch Geschenke _____ unsere Freunde kaufen.
f Unser Gepäck ist nicht da. Aber _____ unsere Koffer und Taschen können wir nicht zum Hotel fahren.
g Tom braucht ein Medikament _____ Kopfschmerzen.

24 Verrückte und weniger verrückte Reisen. Lies die Texte und ergänze die Präpositionen. Wo sind die Personen? Ordne die Situationen zu. E2

A auf einem Hausboot   **B** auf einer Kreuzfahrt   **C** beim Wintercamping   **D** im Weltraum

neben ★ in ★ auf ★ aus ★ neben ★ ~~über~~

a) Hi Niklas, vielleicht war es doch keine so gute Idee. Ich sitze hier _____ meinem Zelt, links _____ mir liegt meine Taschenlampe, rechts _____ mir mein Rucksack und _über_ mir ist Schnee. Ja, _____ dem Zelt liegt Schnee, und es ist sehr kalt … Ich muss einmal aufstehen, hoffentlich komme ich _____ meinem Schlafsack. Alex

Situation ○

unter ★ von ★ über ★

c) Die Erde sieht _____ hier wunderschön aus. _____ uns sehe ich eine große Stadt. Ich glaube, wir sind _____ Deutschland, ja das muss Berlin sein …

Situation ○

im ★ auf ★ über ★ neben ★ vor

b) Hi Laura, es ist wunderbar hier. Ich liege _____ einer Wiese und faulenze. _____ mir sehe ich die Sonne und einige kleine Wolken. _____ mir liegt eine kleine Stadt und _____ mir höre ich Daniel _____ Wasser schwimmen … Ines

Situation ○

~~vor~~ ★ ~~hinter~~ ★ neben ★ aus ★ nach ★ in

d) Hallo Maren, ich sitze hier _____ meinem Liegestuhl. _Vor_ mir ist der Swimmingpool, und gleich _hinter_ dem Swimmingpool kann man das Meer sehen. _____ mir ist die Bar, aber ich bin nicht durstig, noch nicht. Wir sind gestern _____ Genua abgefahren und kommen heute _____ Neapel, es gefällt uns sehr gut hier … Claudia

Situation ○

25 Zeichne und beschreibe deinen Lieblingsplatz im Urlaub oder zu Hause. Was kannst du von deinem Lieblingsplatz aus sehen? E2

Mein Lieblingsplatz ist auf/am/in …
Vor/Neben/Hinter/Über mir sehe ich … / kann man … sehen.
Neben/Zwischen/… sieht man / gibt es …

14

FERTIGKEITENTRAINING

26 LESEN Lies den Text und die Aufgaben. Kreuze dann an: richtig oder falsch?

> **LESEN IN DER PRÜFUNG**
>
> In Texten findest du oft Namen von Personen, Ländern oder Städten. Such die Eigennamen nicht im Wörterbuch. Dort findest du sie meistens nicht und du verlierst nur Zeit.
>
> Zum Beispiel:
> Kannst du die neun Eigennamen im Text finden? Unterstreiche sie. Welche Namen stehen für eine Person, eine Stadt, ein Land oder eine Sehenswürdigkeit?

MATT TANZT UM DIE WELT

Es ist ein fröhliches Video: Ungefähr 30 Menschen in München lachen und tanzen, dann tanzen Menschen in Bhutan, dann in China und dann in Afrika: Die
5 Menschen tanzen immer den gleichen Tanz. Es ist ein sehr einfacher, lustiger Tanz. Auch kleine Kinder können ihn tanzen. Nach fünf Minuten ist das Video zu Ende. Ein Mann ist bei den Tänzern immer dabei: Matt Harding. Das Video war seine Idee. Matt reist
10 um die Welt. Er hat schon über 60 Länder besucht. Überall wollen Menschen mit ihm tanzen. Und Matt macht ein Video. Das Video kann man dann im Internet sehen. Millionen Menschen haben Matts Homepage schon angeklickt. Millionen Internet-
15 besucher haben Matt und seine Freunde tanzen gesehen.
Früher hat Matt in einem Büro gearbeitet. Jeden Tag ist er am Morgen zur Arbeit gefahren und am Abend wieder nach Hause. Das war ihm zu lang-
20 weilig.
„Ich habe nachgedacht und mich gefragt: Was will ich wirklich in meinem Leben machen? Und meine Antwort war: Ich will die Welt sehen, ich will reisen",

sagt Matt. Ein Freund hatte dann die Idee mit Matts
25 Tanz: „Du tanzt so furchtbar schlecht, das sieht komisch aus. Machen wir doch ein Video." Matt hat dann das Video ins Internet gestellt. Das Video haben auch viele Internetbesucher komisch gefunden. Auf seinen ersten Videos hat Matt noch alleine
30 getanzt, vor den Pyramiden in Gizeh, vor dem Eiffelturm in Paris, auf der Chinesischen Mauer. Heute ist Matt auf der ganzen Welt bekannt und Firmen geben ihm Geld für seine Reisen. Oft besucht Matt auch arme Länder. Auch dort macht er seine Videos,
35 und dann spendet er Geld für die Schule im Ort. Im Internet kann man Matts nächste Reiseziele sehen. Viele Menschen haben Matt schon Nachrichten geschickt. Sie wollen ihn treffen und mit ihm tanzen.

		richtig	falsch
a	In dem Videofilm tanzen Menschen aus vielen Ländern.	☒	○
b	Die Tänze sind sehr schwierig.	○	○
c	Matt Harding tanzt bei allen Tänzen mit.	○	○
d	Matt Harding macht Videos von den Tänzen und zeigt sie im Fernsehen.	○	○
e	Matt Harding hat früher sehr gerne in seinem Büro gearbeitet.	○	○
f	Das Video war Matts Idee.	○	○
g	Viele Menschen haben Matts Video gesehen.	○	○
h	Matt muss alle seine Reisen selbst bezahlen.	○	○
i	In armen Ländern spendet Matt Geld für einen besseren Unterricht.	○	○
j	Viele Menschen finden Matts Idee verrückt. Deshalb schreiben sie ihm Nachrichten.	○	○

27 HÖREN Emily ist von Hamburg nach Sardinien gereist. Sie telefoniert mit ihrer Freundin Ulla. Hör das Telefongespräch. Wähle für die Aufgaben 1–5 ein passendes Bild a–i aus. Achtung: Drei Bilder passen nicht. 🔊 1/11

0	1	2	3	4	5
Sardinien	Ankunft in Lyon	Genua: Problem 1	eine Nacht in Genua	Genua: Problem 2	Emily löst ihr Problem
f					

 a  b  c  d

 f  g  h  i

28 Emilys Reise nach Sardinien. Beschreibe Emilys Reiseroute.

 10.7.
Hamburg 11:10 – Frankfurt 12:10
Frankfurt 13:40 – Lyon 15:00

 14.7.
Lyon 15:13 – Genua 22:00
(Verspätung)

 15.7.
Genua 08:00 – Porto Torres 18:15

Emily ist am 10.7. mit dem Flugzeug von ... nach ... geflogen. Dann ist sie ...

29 Du möchtest drei Freunde oder Familienmitglieder besuchen und dann wieder nach Hause fahren. Beschreibe den besten Weg.

Zuerst besuche ich ... Ich fahre mit ... von ... zum/zur/nach ... Dann ...

14 LERNWORTSCHATZ

A1a • Helikopter, der, -

A1c • Zelt, das, -e

○ Was macht ihr in den Ferien?
◆ Wir machen eine Radtour und schlafen im Zelt.

• Ziel, das, -e

○ Wann sind wir da? ◆ Wir sind bald am Ziel.

A2a • Schlafsack, der, ⸚e

Der Bergsteiger schläft in seinem Schlafsack.

minus

Auf dem Berg sind es minus 25 Grad Celsius.

• Grad, das, -e

vor·bereiten

Wir bereiten unseren Urlaub vor.

A2d verrückt

○ Ich will im Eismeer schwimmen.
◆ Du bist verrückt!

B1a

Wetter

• Wolke, die, -n	• Wind, der (Sg.)	• Nebel, der, -	• Sonne, die (Sg.)	• Regen, der (Sg.)	• Schnee, der (Sg.)
bewölkt	windig	neblig	sonnig	regnen	schneien
Es ist bewölkt.	Es ist windig.	Es ist neblig.	Es ist sonnig.	Es regnet.	Es schneit.
			Die Sonne scheint.		

• Hitze, die (Sg.)	heiß	warm	kühl	kalt	• Kälte, die (Sg.)

B1a stark

Der Wind ist auf dem Berg sehr stark.

B1b • Temperatur, die, -en

Die Temperaturen sind im Sommer sehr hoch.

B2a • Flug, der, ⸚e

Der Flug geht von Berlin nach Wien.

• Kapitän, der, -e

Guten Morgen, liebe Fluggäste, hier spricht Ihr Kapitän!

• Kapitänin, die, -nen

• Region, die, -en

In dieser Region ist es oft neblig.

B2b erkältet

C1a extrem

= sehr, sehr

• Jahrhundert, das, -e

Wir leben im 21. Jahrhundert.

• Eisberg, der, -e

C1b • Abfahrt, die, -en

Die Abfahrt ist um 8 Uhr. Bitte seid pünktlich.

verlieren

○ Ich kann mein Handy nicht finden!
◆ Hast du es verloren?

34 vierunddreißig

LERNWORTSCHATZ — 14

C2a	• Taschenmesser, das, -	
C2b	• Streit, der *(Sg.)*	
D1a	• Reise, die, -n	Die Reise nach Italien war wunderschön.
	• Fahrt, die, -en	Die Fahrt nach Wien ist kurz.
	• Wagen, der, -	Ich träume von einem Sportwagen, einem Porsche.
	• Anzeige, die, -n	○ Wie hast du das Ferienhaus gefunden? ◆ Ich habe eine Anzeige in der Zeitung gesehen.
D1b	dauern	Der Flug dauert 2 Stunden.
D2a	ernst	○ Ich möchte gern in den Weltraum. ◆ Meinst du das ernst?
	• Luft, die *(Sg.)*	Können wir ein Fenster aufmachen? Ich brauche frische Luft.
	• Postkarte, die, -n	Schreibst du mir eine Postkarte aus Venedig?
	• Reisebüro, das, -s	○ Hast du deine Reise im Internet geplant? ◆ Nein, ich war in einem Reisebüro.
D2c	bequem ≠ unbequem	Der Stuhl ist sehr bequem.
E1c	• Gepäck, das *(Sg.)*	
	ein·packen	
	aus·packen	
⊕ 2b	• Swimmingpool, der, -s	Das Ferienhaus war super, es hatte sogar einen Swimmingpool!

13 + 14 | MODUL-PLUS

LL 1a	• Klamotten, die *(Pl.)*	= • Kleidung
	• Umwelt, die *(Sg.)*	Autofahren ist schlecht für die Umwelt.
P1a	aus·geben → er gibt aus	Manche Leute geben ihr Geld nur für Reisen aus.
P1b	• Campingplatz, der, ¨e	Unser Zelt steht auf einem Campingplatz direkt am Meer!
	• Koffer, der, -	

fünfunddreißig 35

TEST 13+14

1 GRAMMATIK Ergänze die Adjektive in der richtigen Form.

~~groß~~ ★ kalt ★ teuer ★ alt ★ gut

a Mia: 1,65 m | Louis: 1,67 m → Louis ist _größer_ als Mia.
b Herr Schmidt: 92 | Frau Schmidt: 87 → Herr Schmidt ist _____ als Frau Schmidt.
c Toms Handy: 85 € | Annas Handy: 109 € → Annas Handy ist _____ als Toms Handy.
d Mai: 18 Grad | September: 15 Grad → Der September ist _____ als der Mai.
e David: Mathe „sehr gut" | Ben: Mathe „gut" → David ist _____ in Mathematik als Ben.

von 4

2 GRAMMATIK Schreib höfliche Fragen wie im Beispiel.

a Geben Sie mir das Formular. → _Könnten_ / _Würden_ Sie mir bitte das Formular _geben_ ?
b Ruf mich am Nachmittag an. → _____ / _____ du mich am Nachmittag _____ ?
c Bringt eure Lieblingsmusik mit. → _____ / _____ ihr eure Lieblingsmusik _____ ?
d Iss dein Gemüse, Anna. → _____ / _____ du dein Gemüse _____ ?
e Steigen Sie schneller ein. → _____ / _____ Sie bitte schneller _____ ?

von 4

3 GRAMMATIK Ergänze die Verben im Perfekt.

a (notieren) _Hast_ du seine Telefonnummer _notiert_? Wir müssen ihn morgen anrufen.
b (vergessen) Tut mir leid, ich _____ mein Deutschbuch zu Hause _____.
c (einladen) Kommt Mathias auch? _____ du ihn _____?
d (aussteigen) Das war doch deine Haltestelle. Warum _____ du nicht _____?
e (probieren) Ich _____ vier Pullover _____, aber sie waren alle zu klein.
f (beginnen) ○ Wann _____ das Fußballspiel _____? ◆ Vor zehn Minuten.

von 5

4 GRAMMATIK Was ist richtig? Unterstreiche die richtigen Artikelwörter.

a Im Sommer fliege ich mit **meinem** | meinen Bruder nach Paris.
b Ich möchte eine Reise um **die** | der Welt machen.
c Wo ist meine Jacke? In **die** | der Reisetasche ist sie nicht.
d Meine Eltern suchen ein Hotel für **den** | dem Winterurlaub.
e Ich möchte eine Kreuzfahrt auf **einer** | einem Luxusschiff machen. Das muss toll sein.
f Maja fährt dieses Jahr ohne **ihre** | Ihren Eltern in Urlaub.

von 5

5 GRAMMATIK Ergänze *zum*, *zur* oder *nach*.

a Entschuldigen Sie, geht es hier _zum_ Hauptplatz?
b Ich muss noch _____ Apotheke, meine Mutter braucht Medikamente.
c Im Sommer fahren wir wieder _____ Italien.
d Mach schneller, wir kommen zu spät _____ Konzert.
e Fliegt ihr _____ Paris oder nehmt ihr den Zug?

von 4

36 sechsunddreißig

13+14 TEST

PUNKTE

6 WORTSCHATZ **Ergänze *zu* und das richtige Adjektiv.**

schwierig ★ ~~teuer~~ ★ laut ★ schnell ★ eng

- **a** Das Handy kostet 960 €, ich finde, das ist viel _zu teuer_.
- **b** Die Hose ist _____, haben Sie sie eine Nummer größer?
- **c** Du fährst _____, hier darf man nur 30 km/h fahren.
- **d** Die Musik ist _____, ich kann nicht schlafen.
- **e** Die Mathematikhausaufgabe ist _____. Ich glaube, Anja muss mir helfen.

von 4

7 WORTSCHATZ **Schreib die Kleidungsstücke richtig.**

- **a** Jungen tragen oft ein `EMHD` _Hemd_, Mädchen eine `LBSUE` _____.
- **b** Nur Mädchen tragen ein `LKEDI` _____ oder einen `OCRK` _____.
- **c** Im Winter sind `SFIEELT` _____ oft besser als `CUSHEH` _____.
- **d** An den Füßen trägt man `NOECSK` _____, an den Händen `NADEHSCUHH` _____.
- **e** Ein `LANEMT` _____ ist länger und meistens wärmer als eine `AKJCE` _____.

von 9

8 WORTSCHATZ **Ergänze die Wörter zum Thema Wetter.**

- **a** Im Frühling: Es ist _b e w ö l k t_. Es gibt R__g____. → Es ____egn____.
- **b** Im Sommer: Die __o____ scheint. → Es ist ____nn__g. → Es gibt keine W____k____.
- **c** Im Herbst: Es gibt ____e____l und W____d. → Es ist n__bl____ und ____ind____.
- **d** Im Winter: Es gibt ____ch__e____. → Es ____ei____.

von 11

9 ALLTAGSSPRACHE **Ergänze.**

auf keinen Fall ★ er macht nur Spaß ★ vielleicht das nächste Mal ★
das klingt gut ★ gibt es sie auch in Grün

- **a** ○ Wir möchten auf den Berggipfel. Kommst du mit? ◆ _____.
  Ich habe Höhenangst.
- **b** ○ Die Bluse gefällt mir, _____?
- **c** ○ Kommst du mit ins Kino? ◆ Ich kann heute leider nicht, aber _____.
- **d** ○ Es gibt gleich Spaghetti! ◆ _____, ich bin schon sehr hungrig.
- **e** ○ Will Lukas wirklich Astronaut werden? ◆ Aber nein, _____.

von 5

G	W	A	Wie gut bist du schon?
18–22	19–24	5	😊 Sehr gut!
12–17	13–18	3–4	🙂 Okay!
0–11	0–12	0–2	😐 Na ja. Das übe ich noch.

siebenunddreißig 37

15 Kennst du ihn?

A TEXT

1 Was weißt du noch? Ergänze den Text.
Achtung: Nicht alle Wörter passen! A2 KB S. 31

> sehr wütend ★ Feinde ★ ~~tanzt~~ ★ Angst ★
> glücklich ★ gekauft ★ heiraten ★ Freunde ★
> gefällt ★ Nachricht ★ gefunden ★ spielt

Sereia **a** _tanzt_ im Mondlicht über den Waldsee und denkt an ihre Schwester Calandra. Dann landet die Elfe auf einer Insel im See. Dort ist Calandras Lieblingsstein. Unter dem Stein findet Sereia eine **b** _____. Sie ist von Tobin. Tobin muss ein Bergelf sein, und Bergelfen sind eigentlich ihre **c** _____. Doch Sereia **d** _____ die Nachricht. Ihren Eltern gefällt die Nachricht sicher nicht. Ihre Eltern mögen keine Bergelfen. Sie haben schon einen Mann für Calandra **e** _____. Er heißt Batur. Doch Calandra will Batur nicht **f** _____. Er kann nicht einmal tanzen. Tobins Nachricht macht Sereia auch **g** _____. Da steht: „Wir müssen weg von hier!" Plötzlich steht Calandra vor Sereia. Sie sieht ihre Schwester mit Tobins Nachricht und ist **h** _____.

B WORTSCHATZ | Kommunikationsmittel, Aussehen, Charakter

2 Was passt? Ergänze die Wörter und ordne zu. B1

- **d** eine _E - M a i l_ schicken
- im _____ n _____ t surfen
- _____ f _____
- ein _____ x schicken
- s _____ p _____
- einen _____ r _____ schreiben
- mit _____ ch _____ gn _____ kommunizieren
- eine _____ M _____ schicken

38 achtunddreißig

3 Finde das Gegenteil und ergänze.

Z	D	F	U	S	C	H	L	A	N	K	E	R	T
B	U	N	S	Y	M	P	A	T	H	I	S	C	H
L	M	C	T	X	I	O	L	A	L	H	A	D	T
O	M	H	A	T	T	R	A	K	T	I	V	U	E
N	X	I	R	K	B	A	H	N	I	G	E	E	R
D	I	F	K	H	R	R	A	D	N	U	N	N	M
L	N	F	L	U	G	Z	E	U	G	S	D	N	I

Ü = UE

hässlich ↔ ....
dunkelhaarig ↔ ....
dick ↔ ....
oder ....
schwach ↔ ....
intelligent ↔ *dumm*
sympathisch ↔ ....

4 Wer hat welche Katze? Lies die Sätze und vergleiche. Ordne die Namen zu.

Lisa ★ Kevin ★ Sarah

1 .... 2 .... 3 ....

a Lisas Katze ist <u>kleiner</u> als Kevins Katze.
b Kevins Katze ist <u>dicker</u> als Sarahs Katze.
c Kevin meint, seine Katze ist <u>dümmer</u> als die Katzen von Lisa und Sarah.
d Lisa findet Sarahs Katze <u>sympathischer</u> als ihre Katze.
e Kevins Katze ist <u>stärker</u> als Sarahs Katze.
f Sarahs Katze ist <u>schlanker</u> als Kevins Katze.
g Lisa findet ihre Katze <u>hübscher</u> als die Katzen von Kevin und Sarah.
h Sarahs Katze hat <u>schwarze</u> Haare.

5 Schreib die Sätze a–h aus Übung **4** um. Verwende die Gegenteile der unterstrichenen Adjektive.

a *Kevins Katze ist größer als Lisas Katze.*
b *Sarahs Katze*
c
d
e
f
g
h

neununddreißig **39**

6 Wer hat welche Charaktereigenschaft? Löse das Kreuzworträtsel. B3

1 Amelie faulenzt nicht gern.
2 Lukas sieht viele Dinge im Leben negativ.
3 Max mag kein Risiko.
4 Lina hat viele Ideen und schreibt tolle Geschichten.
5 Regeln sind für Jannik sehr wichtig.
6 Ordnung ist für Kay sehr wichtig.
7 Maja denkt nicht lange nach, sie reagiert schnell und sofort.
8 Finn mag keinen Stress.

7 Wie heißt das Gegenteil? Ordne zu. B3

freundlich — vorsichtig
ordentlich — pessimistisch
spontan — passiv
optimistisch — unfreundlich
aktiv — unordentlich

8 Benjamin erzählt von sechs Mitschülern. Hör zu. Wie sind die Jugendlichen? Kreuze an. B3 1/12

a Alex: ○ aktiv   ○ ordentlich   ○ freundlich
b Julia: ○ spontan   ○ vorsichtig   ○ passiv
c Elias: ○ pessimistisch ○ ruhig   ○ unordentlich
d Amelie: ○ diszipliniert ○ freundlich   ○ passiv
e Sven: ○ kreativ   ○ ruhig   ○ optimistisch
f Robert: ○ pessimistisch ○ vorsichtig   ○ realistisch

9 Handschriften. Lies noch einmal die Beschreibungen im Kursbuch. Welche Charaktereigenschaften haben diese Personen vielleicht? B3 KB S. 33

aktiv ★ diszipliniert ★ vorsichtig ★ energisch ★ optimistisch ★ ordentlich ★ pessimistisch ★ spontan ★ kreativ ★ passiv ★ realistisch

10 Vergleiche dich mit jemandem in deiner Familie oder in deiner Klasse. Schreib fünf Sätze. B3

Ich bin unordentlicher als Timo. Timo ist mein Bruder. Er räumt immer sein Zimmer auf, ich nicht.

C GRAMMATIK | Verben mit Dativ und Akkusativ

11 Ergänze die Dialoge mit den Verben in der richtigen Form. C2

helfen ★ wecken ★ ~~gefallen~~ ★ einladen ★ besuchen ★ schmecken ★ hören ★ gratulieren ★ gehören ★ suchen ★ fragen ★ anrufen ★ passen

a ○ Die Hose ist billig. Kauf sie doch.
 ◆ Nein, das Blau _gefällt_ **mir** nicht.

b ○ Warum isst du deinen Spinat nicht?
 ◆ Er _____ **mir** nicht.

c ○ Am Freitag ist meine Geburtstagsparty, ich möchte **dich** auch _____ . Kommst du?
 ◆ Ja, gerne.

d ○ Meine Handynummer ist 0171-3562848.
 ◆ Okay, ich _____ **dich** am Nachmittag _____ .

e ○ _____ der Kugelschreiber **dir**?
 ◆ Nein, das ist Stefans Kuli.

f ○ Ich verstehe die Aufgabe nicht.
 ◆ Warte, ich _____ **dir**.

g ○ Die Jacke ist hübsch.
 ◆ Ja, aber sie _____ **mir** nicht, sie ist zu klein.

h ○ Wann möchtest du morgen aufstehen?
 ◆ Um sieben. Kannst du **mich** um Viertel vor sieben _____ ?

i ○ Heute hat Alina Geburtstag.
 ◆ Na, dann müssen wir **ihr** gleich _____ .

j ○ Ich bin nächste Woche in unserem Ferienhaus am Koppensee.
 ◆ Super! Kann ich **dich** dort _____ ?

k ○ Hallo Tom, hallo Britta!
 ◆ Wo warst du denn so lange? Wir _____ **dich** schon eine halbe Stunde!

l ○ Ich _____ **dich** so schlecht. Ist dein Handy kaputt?
 ◆ Ich ... weiß ... nicht, ... vielleicht.

m ○ Wann haben wir den Mathetest?
 ◆ _____ **mich** nicht, ich habe keine Ahnung.

12 Welche Verben brauchen den Akkusativ? Welche Verben brauchen den Dativ? Ordne die Verben aus Übung 11. C2

Verben mit Akkusativ	Verben mit Dativ
	gefallen,

> **GRAMMATIK**
>
> Fast alle deutschen Sätze haben einen Nominativ. Der Nominativ ist das Subjekt im Satz. Zum Beispiel: *Jana schreibt*. Die meisten deutschen Verben müssen oder können einen Akkusativ bekommen. Zum Beispiel: *Jana schreibt eine E-Mail*. Einige Verben brauchen einen Dativ. Zum Beispiel: *Jana hilft ihrer Freundin*. Die Verben musst du gut lernen. Schreib die Dativverben so in dein Vokabelheft:
>
> gefallen (+ Dativ)

13 *Wen*, *was* oder *wem*? Ergänze die richtigen Fragen. C2

a ○ Ich habe gestern ///////// zum Geburtstag gratuliert.
◆ Wem hast du gratuliert?
○ Sophia.

b ○ Ich habe ///////// eingeladen.
◆ .... hast du eingeladen?
○ Sophia und ihre Schwester Lara.

c ○ Ich kenne ///////// aus dem Sommerurlaub.
◆ ....
○ Na, Lara.

d ○ ///////// haben die Muscheln am Strand so gut gefallen.
◆ ....
○ Lara und mir.

e ○ Im Urlaub hat ///////// der Fisch immer so gut geschmeckt.
◆ ....
○ Lara.

Ich höre dich so schlecht. Ist dein Handy kaputt?

f ○ Ich habe also ///////// gekocht.
◆ ....
○ Fisch und Spinat.

g ○ Aber Lara hat gesagt, sie darf ///////// essen.
◆ ....
○ Keinen Fisch.

h ○ Sie hat ///////// .
◆ ....
○ Eine Fischallergie, sie darf keinen Fisch essen, das macht sie krank.

14 Ersetze die Namen durch Pronomen.

Hallo Moritz, hast du gestern deine Uhr bei mir vergessen? Ich habe Thomas gefragt, aber _ihm_ (Thomas) gehört sie nicht und auch Sabine meint, **a** _____ (Sabine) gehört sie nicht. Es muss deine Uhr sein. Gehört sie **b** _____ (Moritz)?
Grüße, Tom

Hallo Lina, hallo Finn, ich möchte **c** _____ (Lina und Finn) zu meiner Geburtstagsparty am 7.2. einladen. Ich hoffe, der Termin passt **d** _____ (Lina und Finn). Lilly

Hallo Tina, hat **e** _____ (Tina) der Film gestern gefallen? **f** _____ (Miriam) hat er nicht so gut gefallen. Bis bald, Miriam

Hallo Elias, wie geht es **g** _____ (Elias)? Bist du noch krank? Ich hoffe, du kannst am Wochenende beim Konzert mitspielen. Wir brauchen **h** _____ (Elias). Bis Samstag! Mary

D HÖREN: ALLTAGSSPRACHE

15 Was weißt du noch? Kreuze an und vergleiche. KB S. 35

a Marvin möchte
  ○ Lea zu einer Party einladen.
  ○ mit Lea ins Kino gehen.
  ○ mit Lea in den Club gehen.

b Simon meint,
  ○ Marvin soll Lea einfach fragen.
  ○ Lea kann sicher mitkommen.
  ○ Lea mag Marvin auch.

c Marvin
  ○ will Lea nicht anrufen.
  ○ will Lea aber nicht fragen.
  ○ meint, Simon soll Lea fragen.

d Lea will mit Marvin ins Kino gehen, aber sie soll am Abend
  ○ zu Hause lernen.
  ○ ihrem Vater den Schlüssel bringen.
  ○ mit Clara lernen.

Weißt du's noch? S. 186
Modalverben

Wie viele Modalverben findest du in den Sätzen a–d? Unterstreiche sie.

16 Was passt? Hör zu, ordne zu und ergänze dann die Dialoge.

Schon gut, ...
zum ...
Das geht ...
ich bin ...
das ...

Beispiel
ich verstehe
nicht sicher
ist peinlich
leider nicht

Dialog 1

○ Kommt Fabian zu deiner Party, Jasmin?
◆ Ich habe ihn eingeladen, aber **a** _ich bin nicht sicher_.
○ Schau, dort drüben steht er, frag ihn doch.
◆ Nein, dort sind alle seine Freunde, **b** _____.
○ Dann frag ihn nach der Schule.
◆ Wie denn, wo denn?
○ Du kannst ihn **c** _____ anrufen.

Dialog 2

◆ Hallo Fabian, hier ist Jasmin. Kommst du zu meiner Party?
□ **d** _____, ich habe keine Zeit.
◆ **e** _____.
□ Nein, ich möchte gern kommen, aber ich muss für meinen Onkel arbeiten.
◆ Schade!
□ Ja, aber vielleicht hast du am Freitag Zeit? Wir können ins Kino gehen.

E GRAMMATIK | Modalverben, *sollen* · *gern – lieber – am liebsten*

17 Ergänze die richtige Form von *können* und ordne zu: Bedeutung 1 oder 2?

① Ich kann schwimmen. = Ich habe schwimmen gelernt.
② Ich kann kommen. = Es ist möglich.

a Paula _kann_ sehr gut Klavier spielen. ①
b Am Dienstag haben wir frei, da _____ wir Jan und Erik besuchen. ○
c _____ ihr einen Handstand machen? ○
d _____ ich dich am Nachmittag anrufen, so gegen drei? ○
e _____ ihr Tennis spielen? Ich möchte das gern lernen. ○
f Du _____ ihn ja fragen. Er ist in seinem Zimmer. ○
g Ich _____ Englisch, Deutsch und ein bisschen Spanisch. ○

18 Welche Situationen sind peinlich, welche sind nicht peinlich? Was meinst du? Ergänze das Modalverb in der richtigen Form und male einen Smiley. E1

☹ = peinlich   ☺ = nicht peinlich

a Simon *(können)* _____ sehr gut Schach spielen. Davids kleiner Bruder *(wollen)* _____ unbedingt mit Simon Schach spielen. Simons Freunde *(wollen)* _____ zusehen. Davids kleiner Bruder gewinnt. ☹

b Zoe *(wollen)* _____ auf eine Party gehen, aber auch ihre kleine Schwester Mia *(wollen)* _____ mitkommen. Zoes Eltern sagen, Zoe *(müssen)* _____ Mia auf die Party mitnehmen. Ohne ihre Schwester *(dürfen)* _____ auch sie nicht auf die Party gehen. ○

c Jannik *(müssen)* _____ mit dem Bus zur Schule fahren. Der Kontrolleur *(wollen)* _____ seinen Fahrschein sehen. Jannik _____ *(können)* seinen Fahrschein nicht finden. Er *(müssen)* _____ aussteigen. ○

d Ida *(wollen)* _____ am Wochenende zu einem Rockkonzert gehen. Die Karten kosten 60 €. So viel *(können)* _____ Ida nicht bezahlen. Tom *(wollen)* _____ Idas Karte bezahlen. Ida *(mögen)* _____ Tom nicht besonders gern. ○

e Lisas Mathematiklehrerin *(müssen)* _____ eine Brille tragen. Die neue Brille sieht ein bisschen komisch aus. Im Mathematikunterricht *(müssen)* _____ Lisa deshalb immer wieder lachen. ○

f Bei einem Schulfest *(müssen)* _____ Till die Direktorin, die Eltern und die Lehrer begrüßen. Plötzlich ist Till sehr nervös, er *(können)* _____ nicht mehr sprechen. ○

g Jan *(müssen)* _____ mit seiner Großmutter mit dem Bus in die Stadt fahren. Jans Großmutter *(können)* _____ nicht mehr sehr gut hören. Sie spricht im Bus sehr laut. ○

19 Was sollen die Jugendlichen machen? Schreib Sätze. E2

Zieh eine warme Jacke an, Jan. Es ist kalt.
a Jan soll eine warme Jacke anziehen.

Steig aus, Anne. Wir sind da!
b _____

Wir spielen Basketball. Spiel doch mit, Samira.
c _____

Kauf bitte auch Milch ein, David.
d _____

Hört jetzt bitte zu, Timo und Nick!
e _____

Die Lösung ist falsch. Rechne das noch einmal, Maja.
f _____

20 Ergänze die richtige Form von *sollen* und ordne zu.

a Mika **soll** mit seiner kleinen Schwester spielen, ...
b Emma _____ für den Geschichtstest lernen, ...
c Ich _____ mein Zimmer aufräumen, ...
d Wir _____ Fisch essen, ...
e Jannis _____ Anne eine E-Mail schicken, ...
f Elias und Philip _____ morgen mit dem Auto nach München fahren, ...
g Ihr _____ eure Hausaufgaben machen.

1 er will sie aber lieber anrufen.
2 wir nehmen aber lieber die Hamburger.
3 sie fahren aber lieber mit dem Zug.
4 sie hört aber lieber Musik.
5 er sieht aber lieber mit seiner Freundin fern.
6 Warum habt ihr immer noch nicht angefangen?
7 ich spiele aber lieber Fußball.

21 Was sind Bastians Favoriten? Schreib Sätze mit *gern, lieber, am liebsten*.

a Obst: Äpfel 🙂 Birnen 🙂🙂 Orangen 🙂🙂🙂
Bastian mag gern Äpfel. Birnen mag er lieber, aber am liebsten mag er Orangen.

b Gemüse: Gurken 🙂🙂 Kartoffeln 🙂 Tomaten 🙂🙂🙂
Er mag gern

c Haustiere: Hunde 🙂🙂🙂 Katzen 🙂🙂 Pferde 🙂

d Fernsehsendungen: Dokumentationen 🙂 Spielshows 🙂🙂🙂 Krimis 🙂🙂

e Feste: Silvester 🙂🙂🙂 Ostern 🙂 Weihnachten 🙂🙂

f Sprachen: Italienisch 🙂🙂 Englisch 🙂 Deutsch 🙂🙂🙂

22 Persönliche Fragen. Was machst du am liebsten? Schreib fünf persönliche Sätze. E3

Fernsehsendungen ★ Musik ★ Essen ★ Trinken ★ Schulfächer

a   Ich sehe am liebsten
b   Ich höre
c   Ich esse
d   Ich trinke
e   Ich habe

AUSSPRACHE | Betonung und Satzmelodie

23 Hör zu und markiere die Betonung im Satz. Achte auf die Satzmelodie. ◀) 1/14

a ○ Kannst du mir Karins Telefonnummer sagen? ↗ — Ja/Nein-Frage
   Ich muss sie anrufen. ↘ — Aussagesatz
   ◆ Du willst Karin anrufen? ↗ — Intonationsfrage
   ○ Ja, ich muss sie anrufen. ↘ — Aussagesatz

b ▢ Wann kannst du heute kommen? ↘ — W-Frage
   ● Tut mir leid, heute geht es nicht. ↘ — Aussagesatz
   ▢ Kannst du nicht kommen ↗ oder willst du nicht kommen? ↘ — Alternativfrage
   Bitte komm doch! ↘ — Imperativ

24 Markiere die Betonung und die Satzmelodie. Hör dann zu und vergleiche. ◀) 1/15

a ○ Soll ich fernsehen? ⭘ Soll ich Musik hören? ⭘ Was soll ich nur tun? ⭘
   ◆ Mach doch deine Hausaufgaben. ⭘
   ○ Ich will jetzt aber keine Hausaufgaben machen. ⭘

b ▢ Wollen wir ein Computerspiel spielen? ⭘
   ● Nein, ich will im Park Fußball spielen. ⭘
   ▢ Du willst in den Park gehen? ⭘ Es regnet aber doch. ⭘

siebenundvierzig 47

15

FERTIGKEITENTRAINING

25 [LESEN] Lies den Text: richtig oder falsch? Kreuze an und korrigiere die falschen Sätze.

EIN SCHUH UND EIN SPIEGEL
Zwei Liebesgeschichten

Wilhelm und Jakob Grimm, zwei deutsche Professoren, haben diese beiden Geschichten im Jahr 1835 aufgeschrieben. In ihren Geschichten heißen die beiden Mädchen aber nicht Fiona und Melissa, sondern *Aschenputtel* und *Schneewittchen*. Dominik und Timo sind zwei Prinzen. Vielleicht kennst du *Aschenputtel* und *Schneewittchen* auch aus amerikanischen Zeichentrickfilmen. Dort heißen sie *Cinderella* und *Snow White*. Übrigens: Bei Wilhelm und Jakob Grimm heiraten *Aschenputtel* und *Schneewittchen* am Ende ihre Prinzen.

Fiona hat zwei Stiefschwestern. Fionas Stiefmutter liebt ihre Töchter über alles. Sie dürfen den ganzen Tag faulenzen. Fiona muss alle Arbeiten im Haus alleine machen. In der Stadt gibt es ein großes Fest. Die Schwestern dürfen auf das Fest gehen, Fiona soll wie immer zu Hause bleiben und arbeiten. Doch das will sie diesmal nicht. Verkleidet geht sie auch auf das Fest. Dort trifft sie Dominik. Sie tanzt nur noch mit ihm und vergisst alles: ihre Arbeit, ihre Stiefmutter, ihre bösen Schwestern, aber auch die Zeit. Schon ist es kurz vor zwölf. Um Mitternacht muss sie unbedingt wieder zu Hause sein. An der Tür verliert sie einen Schuh. Dominik findet den Schuh. Er will Fiona wiedersehen, er muss sie finden. Er geht von Haus zu Haus. Wem passt wohl Fionas Schuh?

Melissas Mutter lebt nicht mehr. Ihr Vater hat eine andere Frau geheiratet, Dana. Jeden Tag steht Dana stundenlang vor ihrem Spiegel. Ihr Aussehen ist ihr sehr wichtig. Danas Stieftochter Melissa wird älter und jeden Tag schöner. Bald ist sie schöner als ihre Stiefmutter. Das sieht auch Dana, und das macht sie sehr wütend. Melissa ist in Gefahr. Sie muss fortgehen. Über sieben Berge geht Melissas Reise und endet in einem kleinen Haus mitten im Wald. Doch Dana weiß sehr bald, wo sie Melissa finden kann. Auch Timo, ein junger attraktiver Mann, hat von Melissas Schönheit gehört. Auch er will Melissa finden. ...

		richtig	falsch
a	Fionas Schwestern ~~helfen bei der Hausarbeit~~. *dürfen den ganzen Tag faulenzen*.	○	✗
b	Fiona darf auch auf das Fest in der Stadt gehen.	○	○
c	Fiona bleibt bis zum Morgen auf dem Fest.	○	○
d	Fiona verliert auf dem Fest ihren Schuh.	○	○
e	Dana möchte schöner als ihre Stieftochter sein.	○	○
f	Melissa ist nicht so schön wie Dana.	○	○
g	In Danas Haus wird es für Melissa zu gefährlich.	○	○
h	Die zwei Geschichten sind mehr als hundert Jahre alt.	○	○
i	In amerikanischen Zeichentrickfilmen heißen die Mädchen Aschenputtel und Schneewittchen.	○	○
j	In beiden Geschichten gibt es ein glückliches Ende.	○	○

26 HÖREN Du hörst eine Reportage im Schülerradio. Anna erzählt von ihren Freunden Michael, Sabrina und Jan. Lies zuerst die Aufgaben 1–6. Hör dann zu und kreuze die richtige Lösung an. 🔊 1/16

1 Anna hat Michael …
   - a) als Kind kennengelernt.
   - b) im Schwimmbad kennengelernt.
   - c) über ein E-Mail kennengelernt.

2 Michaels Haare sind heute …
   - a) dunkler als früher.
   - b) heller als früher.
   - c) so wie früher.

3 Sabrina …
   - a) sieht ein bisschen wie Anna aus.
   - b) sieht anders als Anna aus.
   - c) ist so wie Anna.

4 Sabrina und Anna …
   - a) gehen in verschiedene Schulen.
   - b) sind sehr ordentlich.
   - c) hören gern Musik.

5 Jan ist …
   - a) älter als Anna.
   - b) so alt wie Anna.
   - c) jünger als Anna.

6 Anna hat Jan …
   - a) im Kino kennengelernt.
   - b) bei einer Party getroffen.
   - c) in der Schule zum ersten Mal gesehen.

27 SCHREIBEN Schreib einen Text über eine Freundin oder einen Freund: Wie sieht sie/er aus? Wo hast du sie/ihn kennengelernt? Was macht ihr zusammen?

> **SCHREIBEN IN DER PRÜFUNG**
>
> Nimm dir einige Minuten Zeit. Denk nach, sammle Ideen und mach Notizen zu den Themen in deinem Text.
>
> Zum Beispiel:
> *Mein Freund Tom*
> *Aussehen: groß, blond, schlank, älter als ich*
> *Kennenlernen: Schwimmbad, Eis gekauft, kein Geld gehabt*
> *Gemeinsame Aktivitäten: Kino gehen, Ausflüge machen*

… ist ein Freund / eine Freundin. Er/Sie ist groß … Er/Sie ist älter … als ich.
Ich habe … in … / bei … kennengelernt. Er/Sie hat … Wir … oft/manchmal …

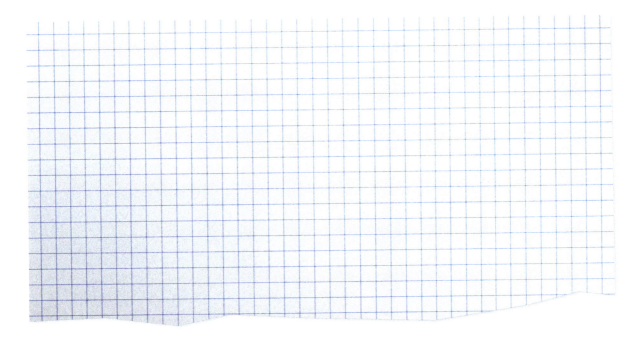

15 LERNWORTSCHATZ

A1a kennen·lernen
○ Kennst du ihn?
◆ Ja, ich habe ihn im Urlaub kennengelernt.

aus·machen
Ich muss einen Termin beim Zahnarzt ausmachen.

• Treffen, das, -
Morgen findet unser Treffen statt.

witzig
○ Warum lachst du?
◆ Meine Freundin hat mir eine witzige Nachricht geschrieben.

chatten
Ich chatte jeden Tag mit meinem Freund.

skypen
Mein Bruder lebt in den USA. Ich skype oft mit ihm.

A2a • Elf, der, -en
• Elfe, die, -n

• Feind, der, -e ≠ • Freund
• Feindin, die, -nen ≠ • Freundin

• Handschrift, die, -en
Was steht da? Ich kann deine Handschrift nicht lesen.

A2b • Mond, der, -e

landen
Das Flugzeug landet am Flughafen.

• Gefühl, das, -e
Ich habe ein schlechtes Gefühl. Etwas stimmt nicht.

nach·sehen → er sieht nach
○ Haben wir noch Milch im Kühlschrank?
◆ Ich sehe nach.

unglaublich
Das ist nicht möglich, das ist unglaublich!

• Krieg, der, -e
Früher gab es Krieg zwischen den Elfen.

danach
Zuerst gibt es Essen, danach tanzen wir.

• Blatt, das, ¨-er
Im Herbst werden die Blätter rot und gelb.

B1a • Kommunikation, die (Sg.)
Die Kommunikation hat sich stark verändert.

kommunizieren
Heute kommuniziert man viel mit dem Handy.

• Fax, das, -e

seit
○ Seit wann gibt es SMS?
◆ Ich glaube, seit 1994.

• SMS, die, -

B2a

Aussehen

blond ≠ dunkelhaarig	lockig	stark ≠ schwach	alt ≠ jung

 dick ≠ dünn = schlank

 unsympathisch ≠ sympathisch

50 fünfzig

LERNWORTSCHATZ

15

B1c
- Akku, der, -s
- Brille, die, -n

B2b
- Zahnspange, die, -n

ähnlich

Mein Bruder sieht so ähnlich aus wie ich.

- Verwandte, die/der, -n
- ein Verwandter, Verwandte
- eine Verwandte, Verwandte

○ Hast du Verwandte im Ausland?
◆ Ja, meine Tante und meine Cousinen wohnen in Polen. Und du?
○ Ich nicht. Meine Verwandten wohnen alle in meinem Wohnort.

B3a Charaktereigenschaften

aktiv ≠ passiv	intelligent ≠ dumm	diszipliniert ≠ kreativ	optimistisch ≠ pessimistisch

ordentlich ≠ unordentlich	vorsichtig ≠ spontan	ruhig ≠ energisch

- Stress, der *(Sg.)*

○ Warum hast du Stress?
◆ Ich habe zu viele Termine.

C1a drüben

○ Wo ist Ariana? ◆ Dort drüben!

- Feier, die, -n

= • Fest

hübsch

In deinem neuen Kleid siehst du sehr hübsch aus.

gratulieren *(+ Dativ)*

Ich gratuliere dir zum Geburtstag!

- König, der, -e
- Königin, die, -nen

König Rinal hat Inion und Uxilio geholfen.

wer

○ Wer kommt zum Fest? ◆ Er.

wen

○ Wen lädst du ein? ◆ Ihn.

wem

○ Wem gibst du eine Einladung? ◆ Ihm.

- Geldbörse, die, -n

Ich habe 10 € in meiner Geldbörse.

gehören *(+ Dativ)*

○ Wem gehört das Heft? ◆ Das gehört mir!

sollen → sie soll

○ Was soll ich tun? ◆ Du sollst sie einladen!

- Monster, das, -

peinlich

verabredet sein

Marvin ist mit Clara verabredet. Sie gehen ins Kino.

- Schlüssel, der, -

Die Tür ist zu. Hast du einen Schlüssel?

- Straßenbahn, die, -en
- Bratwurst, die, ⸚e

einundfünfzig 51

16 Was für eine Idee!

A TEXT

1 Was weißt du noch? Verbinde die Sätze. A1 KB S. 38

Tran Van Hay war 31 Jahre lang …	91 Meter weit gezogen. Das Geld für den Weltrekord …	für das Guinness Buch der Rekorde.
Thomas Vijayan hat 72 Stunden lang …	kommt aus Portugal. Sie ist …	nur 2,5 x 1,8 cm groß.
David Huxley hat eine Boeing 747 …	gesungen. Das war lange genug …	waren seine Haare 6 Meter 20 lang.
Die kleinste Zeitung …	nicht beim Friseur. Deshalb …	hat er für arme Kinder gespendet.

mind. 19. Juni 2004: Tran Van Hay

B WORTSCHATZ | Maße und Gewichte

2 Ergänze die Wörter. B1

 der e_____e

 der Qu__d____z____m

 der ____t_____

 der K_____z____t_____

 die ____nn_____

 der St____d____k_____t

 der _____l____m_____

 das _____m_____

 das ____r_____

 der _____t

 die _____k_____

die _____t_____

die _____u_____

 das ____i_____

3 Welche Frage passt? Ordne zu. B1

die Höhe	Wie groß …?
die Länge	Wie schnell …?
die Breite	Wie hoch …?
die Fläche	Wie breit …?
die Geschwindigkeit	Wie groß …?
das Gewicht	Wie lang …?
die Temperatur	Wie lang …?
der Raum	Wie schwer …?
die Zeit	Wie kalt / warm …?

4 „Wer weiß mehr?" – Das Quiz für Schnelldenker.
Hör zu, ergänze die Fragen und schreib die richtigen Antworten. B2 ◀) 1/17

a _____ ist der Mississippi? _____

b _____ darf ein Auto sein? _____

c _____ ist ein Basketball? _____

d _____ ist der Denali? _____

e _____ ist es 1.000 Meter unter dem Meeresspiegel? _____

f _____ dauert ein Wasserballspiel? _____

g _____ fliegt ein Tischtennisball? _____

5 Vergleiche und schreib Sätze mit *viel* oder *ein bisschen*. B3

a Herr Schmidt: 58 Jahre – Frau Schmidt: 33 Jahre
Herr Schmidt ist viel älter als Frau Schmidt.

b Messeturm in Frankfurt: 257 m – Die „Pyramide" in Berlin: 100 m

c Porsche: 240 km/h – VW Polo: 150 km/h

d Jonas: 69 kg – Bernd: 68 kg

e Hamburger: 5 € – Spaghetti mit Tomatensoße: 5,80 €

6 Lies die Sätze und unterstreiche die richtigen Wörter. B3

a ○ Kauf doch den Pullover.
◆ Nein, der ist viel zu | nicht so teuer.

b ○ Ich bin 1 Meter 65 groß, meine Schwester ist 1 Meter 63.
◆ Dann ist sie fast | doppelt so groß wie du.

c ○ Wie war dein Test?
◆ Er war nicht so | viel zu gut. Ich hatte ein paar | keine Punkte zu wenig für eine gute Note.

d ○ Wie lange braucht man mit dem Fahrrad zum Bahnhof?
◆ Ich bin nicht sicher, ich glaube circa | genau 10 Minuten.

e Mein Zimmer ist ziemlich | nicht so groß, es ist nur ein bisschen | viel kleiner als unser Wohnzimmer.

f Jonas hat am Morgen nie Zeit für das Frühstück. Er isst morgens nichts | ein Viertel .

g ○ Das sind 12 Eier, ich brauche für den Kuchen aber nur ein Viertel | die Hälfte | 30 Prozent .
◆ Dann nimm doch einfach sechs aus der Packung.

C GRAMMATIK | Superlativ

7 Schreib die Superlative. Ergänze die Tabelle. C1

	der/das/die ...ste	am ...sten
schön		
schnell		
schwierig		
einfach		
teuer		
alt	*der/das/die älteste*	
weit		*am weitesten*
gut	*der/das/die beste*	
lang		

8 *am ...sten* oder *der/das/die ...ste*? Ergänze die Sätze mit den Superlativen aus Übung 7. C1

a Meine Brüder Lukas und Marvin sind 9 und 12 Jahre alt. Ich bin 16, ich bin _am ältesten_.

b ○ Fahren wir mit dem Auto oder mit dem Zug?
  ◆ Wir fliegen, das geht _____.

c Nimm nicht _____ Handy. Du hast doch nicht so viel Geld.

d Das ist schrecklich: Ich kann _____ Frage nicht beantworten.

e Meine Schwestern singen alle schön, aber _____ singt meine Mutter.

f ○ Was meinst du, Leon? Was ist wohl _____ Sprache?
  ◆ Ganz sicher Chinesisch.

g ○ Fahren wir im Sommer nach Italien, Kroatien oder Griechenland?
  ◆ Griechenland ist _____ entfernt, die Reise dauert _____.

h ○ Welches Eis magst du?
  ◆ Schokoladeneis schmeckt mir _____. Haben Sie auch Schokoladeneis?

GRAMMATIK

⚠ Manchmal gehört der Superlativ zu einem Verb. Dann brauchst du *am ...sten*. Manchmal gehört er zu einem Nomen. Dann darfst du kein *am* benutzen!

Zum Beispiel: *Er fährt **am schnellsten**. Er ist **der schnellste** Fahrer.*

9 Wer schwimmt am schnellsten? Lies die Sätze über Nele, Julia, Anna und Pia und ergänze die Tabelle. C2

a Pia ist am jüngsten. **b** Die schnellste Schwimmerin ist auch am besten in Deutsch. **c** Anna ist größer als Nele, aber nicht so groß wie Julia. **d** Anna ist die schnellste Schwimmerin. **e** Das größte Mädchen ist älter als Nele und Anna. **f** Das kleinste Mädchen schwimmt schneller als Julia. **g** Nele schwimmt am langsamsten. **h** Nele ist besser in Deutsch als Pia. **i** Anna ist jünger als Nele. **j** Das älteste Mädchen ist besser in Deutsch als Nele und Pia, aber nicht so gut wie Anna.

	Nele	Julia	Anna	Pia
Alter: 13, 14, 15, 16				13
Größe: 1,50 m, 1,60 m, 1,70 m, 1,80 m				
Noten in Deutsch: 1 (sehr gut), 2 (gut), 3 (befriedigend), 4 (ausreichend)				
Schwimmmeisterschaft: 1. (erste), 2. (zweite), 3. (dritte), 4. (vierte)				

Tipp: Lies die Sätze in der Reihenfolge a, d, g, b, e, i, j, h, f, c.

D HÖREN: ALLTAGSSPRACHE

10 Was weißt du noch? Ordne die unterstrichenen Satzteile richtig zu. D1 KB S. 43

a Jan sagt: „Mein Vater hat <u>alles</u> gewonnen. Er war <u>der beste Techniker</u> über 100 Meter Brust." *(bei Schwimmmeisterschaften)*

In Wirklichkeit kann Jans Vater <u>keine Haustiere haben</u>.

b Leonie sagt: „Mein Bruder kann <u>bei Schwimmmeisterschaften</u> reparieren. Er ist <u>der Schnellste</u> in der Familie." *(alles)*

In Wirklichkeit hat Leonies Bruder nur ihr <u>Fahrrad</u> „repariert". Die Batterien waren leer.

c Charlotte sagt: „Mein Hund kann <u>Radio</u> machen. Meine Meerschweinchen können <u>Saltos</u> fahren.

Mein Vater hat für mich ein Pferd gekauft."

In Wirklichkeit darf Charlotte <u>nur sehr langsam schwimmen</u>.

16

11 Was passt? Ordne zu und ergänze dann den Dialog.

Diese Geschichte …	Wirklichkeit
Warum soll …	eine Olympiade
In …	die Schnellste
sie war …	das nicht stimmen
Was für …	darfst du nicht glauben

Jana: Chiara sagt, _sie war die Schnellste_. Sie hat die Rechenolympiade gewonnen.

Max: **a** _____?

Jana: Die Rechenolympiade. Sie sagt, sie hat 100 Rechnungen in 4 Minuten gerechnet.
Sie war am schnellsten und hat gewonnen.

Max: Das stimmt sicher nicht.

Jana: **b** _____?

Max: **c** _____ ist Jana gar nicht so gut in Mathematik.
Sie ist gut in Deutsch und Englisch, aber sie kann nicht gut rechnen.

d _____.

12 Ergänze *der/das/die* und den Superlativ.

gut ★ hungrig ★ groß ★ schön ★ ~~billig~~ ★ ruhig ★ langsam

a Teure Markenkleidung mag ich nicht. Ich kaufe immer nur _die billigste_.

b Bei der Hundemeisterschaft waren viele schöne Hunde, aber unser Bello war ganz klar _____.

c Wir sind zu klein. Kannst du den Ball holen, Mark? Du bist doch _____.

d Wir haben alle gut gespielt, aber Tom war _____.

e Jonas spricht nicht viel. Er ist _____ in der Klasse.

f Hannah hat dann noch drei Hamburger gegessen. Sie war _____ von uns allen.

g Wir müssen noch auf Hannah warten. Sie ist immer _____.

Zweiter · Erster · Dritter

16

E **GRAMMATIK** | Nebensatz mit *dass* · *dieser, dieses, diese* · *Was für ein/eine/– ...*

13 Noch mehr verrückte Rekorde. Was steht in der Zeitung?
Schreib mit den unterstrichenen Sätzen dass-Sätze wie im Beispiel. E1

> **GRAMMATIK**
> Nach *dass* kommt ein Nebensatz. In einem Nebensatz steht das Verb am Satzende. Markiere *dass* in deinem Vokabelheft.
>
> Zum Beispiel:
> dass 🎾 oder dass + Nebensatz

DER KLEINSTE HUND
Der kleinste Hund ist 15 cm lang. Er heißt Brandy und kommt aus den USA.

a Hier steht, dass der kleinste Hund 15 cm lang ist.

Der größte Apfel
Der größte Apfel wiegt 1,85 Kilo. Er kommt aus Japan.

b Hier steht, dass der größte Apfel

Das größte Handy
Das größte Handy ist 2 x 1 Meter groß. Es funktioniert wirklich und kommt aus Deutschland.

c

Das längste Fahrrad
Studenten aus Australien haben das längste Fahrrad gebaut. Es ist 41 Meter lang.

d

DIE TEUERSTEN JEANS
Die teuersten Jeans kosten 60.000 €. Sie sind von Levi Strauss und mehr als 115 Jahre alt.

e

Mit Klapperschlangen in der Wanne
Jackie Bibby aus Texas war mit 87 Klapperschlangen zusammen in einer Badewanne. Und das 45 Minuten lang!

f

14 Alles Lüge! Wie war es in Wirklichkeit? Ordne zu und schreib jeweils 2 Sätze.

nur nach Italien ans Meer fahren ★ Angst vor dem Wasser haben ★ nur ein bisschen Englisch sprechen ★ nur mit zwei Fingern am Computer schreiben können ★ gar nicht Tennis spielen können ★ ~~nur das Rotkäppchen im Schultheater spielen~~ ★ nicht einmal einen Handstand machen können

a) Meine Schwester ist Filmschauspielerin. — Noah
Noah sagt, dass ~~meine~~ seine Schwester Filmschauspielerin ist. In Wirklichkeit spielt sie nur das Rotkäppchen im Schultheater.

b) Ich bin im Urlaub jeden Tag getaucht. — Paul

c) Ich kann schneller am Computer schreiben als unsere Schulsekretärin. — Alina

d) Mein Onkel spricht 10 Sprachen. — Nina

e) Wir machen im Sommer eine Kreuzfahrt in die Karibik. — Maja

f) Meine Freundin ist Zirkusartistin. — Emma

g) Mein Cousin war Olympiasieger im Tennis. — Dominik

15 Dieser Film ist einfach super! Ergänze die richtigen Formen von *dies-*. E2

	Nominativ	**Akkusativ**	**Dativ**
maskulin	_____ Film! Einfach super!	_____ Film musst du sehen.	In *diesem* Film spielt mein Lieblingsschauspieler.
neutral	_____ Buch! Interessant!	*Dieses* Buch musst du lesen.	Von _____ Buch habe ich noch nie gehört.
feminin	_____ Musik! Toll!	_____ Musik mag ich sehr.	Bei _____ Musik muss man einfach mittanzen.
Plural	_____ Geschichten! Verrückt!	_____ Geschichten finde ich dumm.	Von _____ Geschichten kann ich nicht genug bekommen.

Vergleiche:

	Nominativ	**Akkusativ**	**Dativ**
maskulin	d**er**	d**en**	d**em**
neutral	da**s**	da**s**	d**em**
feminin	di**e**	di**e**	d**er**
Plural	di**e**	di**e**	d**en** +n

Dieser Film! Einfach super!

16 Ergänze die Sätze mit *dies-* und dem richtigen Nomen. E2

Film ★ Rekord ★ Schauspieler ★ Schuhe ★ Kleid ★ ~~Antwort~~ ★ Wörter ★ Stadt ★ Satz

a 84 : 4 = 22. *Diese Antwort* ist sicher falsch.

b In 5 Minuten 50 Heuschrecken essen? _____ ist doch verrückt!

c Das sind ja Hausschuhe! Mit _____ *(Dativ)* kann ich sicher nicht wandern.

d „Chainsaw Massacre"? Nein, _____ *(Akkusativ)* will ich sicher nicht sehen.

e Carlo Morelli? _____ *(Akkusativ)* kenne ich nicht.

f Berlin ist toll! In _____ *(Dativ)* möchte ich leben.

g „Sabine morgen kommen." _____ ist sicher falsch.

h Das ist ja rosa! _____ *(Akkusativ)* ziehe ich sicher nicht an.

i Das Meer, die Sonne, der Strand, die Liebe. _____ *(Akkusativ, Plural)* finde ich schön.

17 Was für *ein/eine/einen* ...? Ergänze die Dialoge.

a ○ Was für eine Jacke gefällt dir? ◆ Sie soll warm sein, die Farbe ist egal.
b ○ _____ möchtest du? ◆ Er soll klein und süß sein.
c ○ _____ soll es sein? ◆ Er soll billig, aber doch schnell sein.
d ○ _____ spielen wir? ◆ Es muss lustig sein und darf nicht zu lange dauern.
e ○ _____ liest du gerne? ◆ Sie müssen lustig und dünn sein.
f ○ _____ passt denn in deinen Taschenrechner?
◆ Gar keine. Er funktioniert mit Sonnenenergie.

AUSSPRACHE | b – p, d – t, g – k

18 Was hörst du? Kreuze an. 🔊 1/18

	b	p		d	t		g	k
a	○	○	a	○	○	a	○	○
b	○	○	b	○	○	b	○	○
c	○	○	c	○	○	c	○	○
d	○	○	d	○	○	d	○	○
e	○	○	e	○	○	e	○	○
f	○	○	f	○	○	f	○	○

19 Ergänze die Buchstaben *b, p, d, t, g, k*. Hör zu, kontrolliere und sprich nach. 🔊 1/19

Ka○○e ○illig mö○en Bru○er ○uh
ra○en Au○o ein○ac○en ○lüc○ ○rille
○un Tan○e ○anke ge○en ○urs
○ramm ○enau ein ○ilo○ramm ○artoffeln ○ausend ○onnen ○oma○en
ein ○isschen ○utter ein ○aar ○ostkarten

20 Was hörst du und was schreibst du? Ergänze, hör zu und sprich nach. 🔊 1/20

Du schreibst: gel○ blon○ Win○ Ta○ Ba○ Pfer○ ma○ blei○ hier
Du hörst: p   t   t   k   t   t   k   p

21 Ergänze die Regel.

Am Wortende spricht man im Deutschen die Buchstaben *b, d, g* meist wie ○, ○, ○.

22 Hör zu und sprich nach. 🔊 1/21

a	b	c	d	e	f
Lie**d**	Kin**d**	blon**d**	gel**b**	Klei**d**	Ta**g**
Lie**d**er	Kin**d**er	blon**d**e Haare	gel**b**e Blumen	Klei**d**er	Ta**g**e

FERTIGKEITENTRAINING

23 LESEN Der große Lügen-Test. Welche Überschrift passt? Lies die Texte a–f und die Überschriften 1–8. Ergänze. Achtung: Zwei Überschriften passen nicht.

1 Meinung zum Outfit
2 Ausgehen am Abend
3 Einkauf ohne Bezahlung
4 Spielregeln vergessen
5 Keine Zeit für die Schule
6 Der beste Spieler im Club
7 Gute Noten für Hausaufgaben
8 Lieblingsmusik

24 LESEN Der große Lügen-Test. Mach den Test und kreuze an.

DER PINOCCHIO-TEST

Sind Lügen für dich ein Problem?

1 **a** Deine beste Freundin hat ein neues Kleid gekauft. Dir gefällt das Kleid überhaupt nicht. Was sagst du zu ihr?
  ○ Was für ein Kleid hast du da gekauft? Das kannst du auf keinen Fall anziehen.
  ○ Das Kleid gefällt dir also. Das finde ich gut. Wo hast du es gekauft?
  ○ Du siehst in dem Kleid super aus. Wirklich toll!

b Du warst mit Freunden im Club. Deine Eltern wollen nicht, dass du in den Club gehst. Deine Mutter fragt dich: „Wo warst du gestern Abend?" Was sagst du?
  ○ Ich war im Club. Ich weiß, ihr wollt das nicht. Aber das ist mir egal, ich bin alt genug.
  ○ Ich war noch mit Freunden weg. Wir hatten viel Spaß.
  ○ Ich war bei Timo. Wir haben den ganzen Abend gelernt.

c Deine Mathematiklehrerin will deine Hausaufgabe sehen, du hast sie aber nicht gemacht. Was sagst du?
  ○ Ich finde diese Hausaufgaben langweilig. Ich habe die Aufgabe nicht gemacht.
  ○ Ich hatte gestern leider keine Zeit für die Aufgabe, kann ich sie morgen bringen?
  ○ Ich habe die Aufgabe gemacht, aber mein Bruder hat mein Heft genommen.

d Ein Junge hat in einem Geschäft ein T-Shirt mitgenommen und nicht bezahlt. Der Kaufhausdetektiv denkt, du hast etwas gesehen. Was sagst du?
  ○ Der Junge hat das T-Shirt genommen. Ich habe es genau gesehen. Ich helfe Ihnen.
  ○ Ja, da war ein Junge bei den T-Shirts. Vielleicht hat er etwas genommen, vielleicht auch nicht. Das weiß ich nicht.
  ○ Da war ein Junge? Sind Sie sicher? Ich habe hier keinen Jungen gesehen, tut mir leid.

e Ein Junge oder ein Mädchen an der Schule gefällt dir. Du weißt, er oder sie mag klassische Musik. Klassische Musik findest du schrecklich. Was sagst du?
  ○ Klassische Musik mag ich überhaupt nicht, aber du gefällst mir.
  ○ Ich habe gehört, dass du interessante Playlists hast. Hören wir doch zusammen Musik.
  ○ Wie schön, dass du klassische Musik magst. Am liebsten höre ich Beethoven, und du?

f Du hast erzählt, dass du der beste Schachspieler in deinem Schachclub bist. In Wirklichkeit kennst du nicht einmal die Regeln. Ein Freund möchte mit dir Schach spielen. Was sagst du?
  ○ Tut mir leid, ich kenne die Regeln nicht. Ich kann gar nicht Schach spielen.
  ○ Ich habe so starke Kopfschmerzen. Ich kann heute leider nicht spielen.
  ○ Eine Regel in unserem Club sagt, dass wir nicht mit Anfängern spielen dürfen.

einundsechzig 61

Zähl nun deine Punkte und lies die Auswertung. Passt die Beschreibung für dich?

Punkte:

Antworten 1 = je 1 Punkt
Antworten 2 = je 2 Punkte
Antworten 3 = je 3 Punkte

Meine Punktezahl: _____

Auswertung:

14–18 Punkte
Du findest Lügen sehr praktisch. Geschichten zu erzählen, macht dir Spaß. Auch deine Freunde finden deine Lügengeschichten oft lustig. Aber pass auf: Es kann sein, dass man dir bald nicht mehr glaubt.

10–14 Punkte
Die Gefühle von anderen Menschen sind für dich sehr wichtig. Du bist höflich und deine Freunde mögen dich. Denk aber nicht immer nur an die anderen.

6–10 Punkte
Du sagst immer, was du denkst. Viele Menschen finden dich unhöflich. Vielleicht ist eine kleine Lügengeschichte manchmal gar nicht so schlecht.

HÖREN IN DER PRÜFUNG

Lies zuerst die Richtig/Falsch-Sätze. Die Sätze geben dir schon Informationen über die Dialoginhalte.

Zum Beispiel:
Die Personen in Dialog **a** sind zwei Jungen (Max und Alex) und ein Mädchen (Sabrina). Sabrina und Max haben gestern vielleicht etwas zusammen gemacht. Sabrina war vielleicht mit Alex im Café.

Sammle noch weitere Wörter zu den Sätzen.
Zum Beispiel:
Musik hören – Videos streamen – fernsehen – …
im Café – im Park – im Kino – …

---

25 HÖREN Lies zuerst die Sätze. Hör dann die drei Dialoge. Kreuze an: richtig oder falsch? Welche Pinocchio-Nase passt zu dem Lügner oder der Lügnerin? 🔊 1/22–24

		richtig	falsch			
a	Sabrina und Max haben gestern Musik gehört.	○	○	○	○	○
	Sabrina sagt, sie war mit Alex im Café.	○	○			
b	Felix braucht Geld für sein Moped.	○	○	○	○	○
	Sein Vater soll ihm 100 Euro geben.	○	○			
c	Carinas Mutter hat einen besonderen Fisch gekocht.	○	○	○	○	○
	Carina möchte mehr Gemüse.	○	○			

16

26 SCHREIBEN Wer sagt das? Ordne zu und schreib *dass*-Sätze.

> Sabrina „Ich habe im letzten Monat ein bisschen mehr telefoniert."
> Carina   „Ich habe im Park Fußball gespielt."
> Felix   „Das Fleisch schmeckt interessant."

a Sabrina sagt, dass sie
b
c

27 SCHREIBEN Wähle zwei Situationen aus dem Pinocchio-Test (Übung 24) und schreib je einen kurzen Dialog dazu.

DER PINOCCHIO-TEST

Tina: Schau, ich habe ein Kleid gekauft. Gefällt es dir?
Yvonne: Was für ein Kleid hast du da gekauft? Das kannst du nicht anziehen.
Tina: Warum nicht? Es gefällt mir sehr gut.
Yvonne: Die Farbe ist schrecklich!
Tina: Nein, du bist schrecklich! Mir gefällt mein Kleid.

Tina: Schau, ich habe ein Kleid gekauft. Ich finde es so schön.
Yvonne: Das finde ich gut. Wo hast du es gekauft?
Tina: …

dreiundsechzig 63

LERNWORTSCHATZ

A1a
- Haare, die *(Pl.)* — Ich habe lange, braune Haare.
- Sänger, der, -
- Sängerin, die, -nen — Meine Lieblingssängerin ist Billie Eilish.

tun → du tust — Manche Menschen tun verrückte Dinge.
- Zahn, der, ⸚e — Man soll zweimal am Tag Zähne putzen.

A2b
unmöglich — 72 Stunden lang singen, das ist unmöglich!
recht haben — ○ Ich glaube, das ist falsch. ◆ Ja, du hast recht.
wahrscheinlich — Wahrscheinlich regnet es morgen.

B1a+b+c

Wie schnell, wie hoch, wie schwer?

- Länge, die, -n
- lang
- Breite, die, -n
- breit
- Höhe, die, -n
- hoch
- Kilometer, der, - (= km)
- Meter, der, - (= m)
- Zentimeter, der, - (= cm)
- Temperatur, die, -en
- Grad, das, -e (= °)

- Fläche, die, -n
- Quadratkilometer, der, - (= km²)
- Quadratmeter, der, - (= m²)
- Quadratzentimeter, der, - (= cm²)
- Zeit, die, -en
- Sekunde, die, -n (″, s)
- Minute, die, -n (′, min)
- Stunde, die, -n (= h)

- Raum, der, ⸚e
- Liter, der, - (= l)
- Kubikzentimeter, der, - (= cm³)
- Geschwindigkeit, die, -en
- Stundenkilometer, der, - (= km/h)
- Gewicht, das, -e
- Gramm, das *(Sg.)* (= g)
- Kilo(gramm), das *(Sg.)* (= kg)
- Tonne, die, -n (= t)

LERNWORTSCHATZ 16

B2a	doppelt		Ein Gepard läuft doppelt so schnell wie ein Hase.
B3a	ein paar		≈ einige
	• Hälfte, die, -n		= 50 %
C2a	gut, besser, am besten		Gemüse schmeckt gut. Obst schmeckt besser. Eis schmeckt am besten.
D1a	• Märchen, das, -		○ Glaubst du seine Geschichte?
			◆ Nein, er erzählt Märchen.
	reparieren		○ Die Uhr ist kaputt. Man muss sie reparieren.
	• Reparatur, die, -en		◆ Oh, diese Reparatur ist sicher nicht billig.
	• Batterie, die, -n		
D1c	• Fantasie, die, -n		Diese Elfengeschichte ist toll, du hast Fantasie.
	• Wirklichkeit, die, -en		≠ • Fantasie
	in Wirklichkeit		Jan sieht ruhig aus. In Wirklichkeit ist er sehr nervös.
	zuletzt		Zuerst stehe ich auf, dann dusche ich und zuletzt frühstücke ich.
D1e	• Lüge, die, -n		Das ist nicht wahr. Das ist eine Lüge.
E1a	dass (🏓)		Theresa sagt, dass sie zu meiner Feier kommt.
E2b	dieser, dieses, diese		Dieser Hund / diese Katze / dieses Meerschweinchen ist sehr süß.
E3a	• Gerät, das, -e		Jemand muss das Gerät reparieren.
	was für ein/e		○ Was für ein Auto ist das? ◆ Ein Ferrari.
⊕1a	• Hochstapler, der, -		○ Und was passierte dann mit den Hochstaplern?
	• Gefängnis, das, -se		◆ Sie mussten ins Gefängnis.
	• Konferenz, die, -en		Die Lehrerin organisiert eine Videokonferenz.
	organisieren		
	• Ticket, das, -s		= • Fahrkarte
	logisch		Das verstehe ich, das ist logisch.
	≠ unlogisch		

15 + 16 | MODUL-PLUS

LL 2	bekannt		Welche bekannten Personen kommen aus deiner Heimatregion?
	• Kultur, die *(Sg.)*		○ Ich interessiere mich für Kunst und Kultur. Ich gehe gern ins Museum oder ins Theater.
	• Kunst, die *(Sg.)*		◆ Ich interessiere mich mehr für Themen aus der Wirtschaft, z. B. für Geld.
	• Wirtschaft, die *(Sg.)*		

TEST 15+16

1 GRAMMATIK Dativ oder Akkusativ? Ordne zu und schreib Sätze wie im Beispiel.

~~hören~~ ★ ~~zuhören~~ ★ sehen ★ anrufen ★ gefallen ★ helfen ★ fragen ★ einladen ★ gratulieren ★ besuchen ★ lieben ★ schmecken (die Pizza)

Akkusativ	Dativ
hören,	zuhören,

Ich höre dich. Ich sehe … *Ich höre dir zu. Ich …*

von 5

2 GRAMMATIK Ergänze das richtige Pronomen.

a Moritz hat Geburtstag. Hast du ihm | ihn schon gratuliert?
b Schmeckt dir | dich der Fisch?
c Kannst du mir | mich morgen um sechs Uhr wecken?
d Wo warst du denn? Ich habe dir | dich überall gesucht.
e ○ Wie findest du Leons neue Lederhose? ◆ Ich finde, sie passt ihm | ihn gut.

von 4

3 GRAMMATIK Ergänze *Wen* oder *Wem*.

a ○ _Wen_ möchten Sie im Krankenhaus besuchen? ◆ Frau Berger, meine Tante.
b ○ _____ gehört der blaue Rucksack? ◆ Meinem Bruder.
c ○ _____ hast du nach dem Weg gefragt? ◆ Den Kellner im Restaurant.
d ○ _____ hast du zu deiner Party eingeladen? ◆ Dich und meine besten Freunde.
e ○ _____ schmecken denn Heuschrecken? ◆ Ich glaube, viele Menschen essen Heuschrecken.

von 4

4 GRAMMATIK Ergänze die richtige Form von *sollen* und ordne zu.

schreiben ★ ~~machen~~ ★ kommen ★ aufräumen ★ sein ★ anrufen

a Lotta _soll_ Hausaufgaben _machen_, aber sie telefoniert lieber mit ihrer Freundin.
b Ihr _____ euer Zimmer _____! Macht nicht noch mehr Unordnung.
c ○ Wie lange dürft ihr ausgehen? ◆ Wir _____ um elf wieder zu Hause _____.
d Frau Müller, Sie _____ zum Direktor _____.
e ○ _____ ich Niklas _____ oder ihm eine SMS _____? ◆ Ruf ihn doch an.

von 4

5 GRAMMATIK Ergänze den Superlativ.

a Der Audi ist schneller als der VW, aber der Porsche ist _am schnellsten_.
b Biologie mag ich lieber als Chemie, aber _____ mag ich Geschichte.
c Lisa ist größer als Anna. Die _____ Spielerin im Basketballteam ist aber Sophie.
d Mein Onkel ist älter als mein Vater, der _____ Mann in unserer Familie ist mein Opa.
e Deutsch ist schwieriger als Italienisch. Chinesisch ist _____.

von 4

15+16 TEST

6 GRAMMATIK Was sagen die Personen? Schreib Sätze mit *dass*.

a Luca: „Mein Onkel hat ein Flugzeug."   Luca sagt, dass sein Onkel ein Flugzeug hat.
b Nedim: „Meine Schwester heiratet einen Filmschauspieler." _____
c Mara: „Ich kann Saltos machen." _____
d Emilia: „Ich bin schon einmal auf einem Segelschiff gefahren." _____

von 3

7 GRAMMATIK Ergänze *welcher, welches, welche* und *dieser, dieses, diese*.

a ○ Welches Buch möchtest du lesen? ◆ Dieses hier, ich liebe Krimis.
b ○ _____ Pullover gefällt dir? ◆ _____ hier, der ist wärmer als die anderen.
c ○ _____ Musik magst du? ◆ Sicher nicht _____, Techno mag ich überhaupt nicht.
d ○ _____ Orangen sind wunderbar. ◆ _____ meinst du, die großen oder die kleinen?

von 3

8 WORTSCHATZ Finde die Gegenteile zu den Adjektiven.

hübsch ★ schlank ★ intelligent ★ vorsichtig ★ stark ★ dunkelhaarig

a hässlich ↔ _____   c schwach ↔ _____   e spontan ↔ _____
b dumm ↔ _____   d dick ↔ _____   f blond ↔ _____

von 6

9 WORTSCHATZ Was bedeuten die Buchstaben?

m Meter   l _____ kg _____   g _____
t _____ ' (min) _____   cm _____   cm² _____

von 7

10 ALLTAGSSPRACHE Ergänze.

das geht leider nicht ★ ich bin nicht sicher ★ in Wirklichkeit ★ zum Beispiel ★ das ist peinlich

a ○ Die nächste Party machen wir bei dir zu Hause, Tim. ◆ _____, unsere Wohnung ist zu klein.
b ○ Du hast Fabians Geburtstag vergessen, Alina. ◆ Ich weiß, _____.
c Jo sagt, dass er gut kochen kann. _____ kann er nicht einmal eine Eierspeise machen.
d ○ Ist heute Dienstag oder Mittwoch? ◆ Ich glaube Mittwoch, aber _____.
e Ich sehe gerne alte Filme, _____ Krimis von Agatha Christie.

von 5

G	W	A	Wie gut bist du schon?
20–27	11–13	5	☺ Sehr gut!
13–19	8–12	3–4	☺ Okay!
0–12	0–7	0–2	☺ Na ja. Das übe ich noch.

17 Wenn ich das schaffe, ...

A TEXT

1 Was weißt du noch? Ordne die Fragen und Antworten zu und ergänze. `A2` `KB S. 51`

> schwierige Prüfungen schaffen ★ pünktlich ★ ~~giftig~~ ★ gestorben ★ Fleisch braten ★ sauber ★ in Teile schneiden

1 Was lernt Akio in seiner Ausbildung?
2 Warum ist Akios Ausbildung besonders?
3 Warum ist der Fugu-Fisch in vielen Ländern verboten?
4 Was muss Akio in der Prüfung machen?
5 Warum ist Meister Sato zufrieden mit Akio?
6 Warum schafft Akio die Prüfung nicht?

a Der Fugu-Fisch ist sehr _giftig_. Viele Menschen sind nach einem Fugu-Essen _____.
b Akio ist _____, kann gut zuhören und konzentriert arbeiten.
c Er macht am Ende seinen Tisch mit einer Serviette _____. Das darf er nicht.
d Er lernt Zwiebeln schneiden, _____ und Kuchen backen.
e Die Ausbildung zum Fugu-Koch ist länger, und er muss sehr _____.
f Er muss in zwanzig Minuten einen Fugu-Fisch _____.

B WORTSCHATZ UND GRAMMATIK | Wechselpräpositionen · Tisch decken, Speisen und Getränke bestellen

2 Schreib die Präpositionen an die richtige Stelle in der Zahl Neun. `B1`

in ★
auf ★
über ★
an ★
unter ★
~~zwischen~~ ★
vor ★
neben ★
hinter

(zwischen)

17

3 Wo waren die Personen? Sieh die Bilder an und ergänze die Sätze. B1

wo? ● in + Dativ

a Fiona hat ᵂᵒ? im Zug einen Orangensaft getrunken.

b Herr und Frau Schulze haben ᵂᵒ? _____ zwei Kaffee getrunken.

c Theo hat ᵂᵒ? _____ einen Hamburger gegessen.

d Julia hat ᵂᵒ? _____ eine Banane gegessen.

e Marvin hat ᵂᵒ? _____ Schokolade gegessen.

der Zug   das Bett

der Park

die Mensa   das Café

4 Wohin gehen die Personen zum Essen?
Sieh die Bilder an und ergänze die Dialoge. B1

wohin? ⟶ in + Akkusativ

a ○ Kommst du mit zu Tom? Er kocht mittags etwas.
  ◆ Nein, ich habe am Nachmittag Unterricht. Ich bleibe hier und gehe ʷᵒʰⁱⁿ? _____ . Dort gibt es heute Hähnchen.

b ○ Ich möchte gern einen Tee trinken.
  ◆ Na, dann gehen wir doch ʷᵒʰⁱⁿ? _____ .

c ○ Ich möchte heute einmal ganz fein essen. Es kann auch teuer sein.
  ◆ Dann gehen wir doch ʷᵒʰⁱⁿ? _____ .

d ○ Ich mag Pizza. Gibt es hier eine Pizzeria?
  ◆ Ja, wir können ʷᵒʰⁱⁿ? _____ gehen.

e ○ Kaufen wir doch etwas am Schulkiosk.
  ◆ Ja, und dann gehen wir ʷᵒʰⁱⁿ? _____ und essen dort.

die Pizzeria

das Café   das Parkhotel

die Mensa   der Park

> **GRAMMATIK**
>
> Achte auf die Verben, sie helfen dir:
> *geben, kommen* + Akkusativ
> *stehen, liegen, machen* + Dativ

5 Ergänze *wo?* oder *wohin?* und unterstreiche die richtigen Wörter.
Was kocht der Fernsehkoch? Finde die Antwort. B1

Geben Sie Wasser wohin? _____ in den | im Topf. So ... Der Topf steht _____ auf den | auf dem Herd. ... Wo ist nur das Salz? ... Ach ja, hier steht es, direkt _____ neben der | neben die Pfanne. Geben Sie das Salz jetzt _____ im | ins Wasser. Natürlich nicht alles. ... Dann können Sie mit der Sauce beginnen. Meine Zwiebel liegt schon _____ auf dem | auf den Küchentisch, die muss ich jetzt ganz fein schneiden. ... So ... Jetzt kommt Öl _____ in der | in die Pfanne, dann die Zwiebel. Auch die Tomaten bitte ganz fein schneiden. Am besten geben Sie sie _____ in die | in der Küchenmaschine, das geht am schnellsten. Meine Tomaten sind schon fertig, sie liegen hier _____ auf den | auf dem Teller und kommen jetzt _____ in der | in die Pfanne. Was macht das Wasser _____ im | in den Topf? Ja, es kocht schon. ... Wo sind meine Nudeln? Ich glaube, sie liegen noch _____ ins | im Regal.

Der Koch kocht _____ .

6 Ergänze die Tabelle. Finde auch Ausdrücke aus Übung **5** (z. B. *in den Topf geben*). B1

~~im Restaurant essen~~ ★ ins Café gehen ★ im Zelt schlafen ★
in die Stadt fahren ★ in der Schule sein ★ am Strand bleiben ★
in die Türkei fliegen ★ auf den Tisch legen ★ auf dem Stuhl sitzen

wo? (Wechselpräposition + Dativ)

im Restaurant essen,

wohin? (Wechselpräposition + Akkusativ)

in den Topf geben,

GRAMMATIK

Schreib Lückensätze für deinen Partner oder deine Partnerin. Tauscht die Sätze aus und ergänzt die Lücken.

Zum Beispiel:

Ich esse heute in _____ Mensa, du auch?

---

7 Sieh die Zeichnung an und antworte auf die Fragen. Schreib weitere Fragen und Antworten. B1

Kundin:

Wo sind die Birnen?	Über _____.
Wo sind die Kartoffeln?	Neben _____.
Wo sind die Zwiebeln?	Unter _____.
Wo ist der Spinat (Sg.)?	Über _____.

Lieferant:

Wohin kommen die Karotten?	Unter _____.
Wohin kommen die Orangen?	Zwischen _____.
Wohin kommt der Salat (Sg.)?	Neben _____.
Wohin kommen die Tomaten?	Über _____.

8 Partyvorbereitungen. Ergänze die Dialoge. B2

a ○ Wohin hast du die Teller gestellt?
  ◆ Die stehen *(in)* _____ Küche.

b ○ Wohin hast du die Gabeln gelegt?
  ◆ Die liegen *(neben)* _____ Gläsern.

c ○ Wohin hast du die Gläser gestellt?
  ◆ Die stehen *(auf)* _____ Tisch im Wohnzimmer.

d ○ Hast du den Orangensaft *(in)* _____ Kühlschrank gestellt?
  ◆ Nein, der steht noch *(in)* _____ Flur.

e ○ Hast du die Chips *(in)* _____ Wohnzimmer gebracht?
  ◆ Nein, die liegen noch *(in)* _____ Küche.

f ○ Hast du die Servietten *(neben)* _____ Teller gelegt?
  ◆ Nein, die Servietten haben wir *(in)* _____ Supermarkt vergessen.

9 Finde die Wörter und schreib sie zu den Bildern. Schreib auch die Artikel. B2

das _____

lGsa ★ seMser ★ eelrlT ★ alseSuztrer ★ ftfefererPsrue ★ vterSeiet ★ alebG ★ öLeffl

10 Hör zu. Was bestellen die Jugendlichen? Zu welchem Menü gehören die Speisen? Ergänze. B3 🔊 1/25

Karottenkuchen ★ Tagessuppe ★ Rindfleisch mit Zwiebeln ★ Fruchtjoghurt ★ Würstchen mit Pommes frites ★ Spinatnudeln ★ Gemüsesuppe ★ Schokoladeneis

MENÜ 1
9 €
VORSPEISE

HAUPTSPEISE

NACHSPEISE

MENÜ 2
13 €
VORSPEISE

HAUPTSPEISE

NACHSPEISE

KINDERMENÜ
6,50 €

17

11 Ergänze die Wörter in der Mindmap. Sammle weitere Wörter, z. B. in „Gute Idee! A1".
Schreib die Nomen mit Artikel und ergänze auch den Plural. B3

Kartoffel ★ Salat ★ Hähnchen ★ bestellen ★ Gurke ★ Topf ★ Pfanne ★ Spinat ★
Birne ★ Lauch ★ Kellner ★ Wurst ★ Sardelle ★ Rechnung ★ Wein ★ Orangensaft ★ …

WORTSCHATZ

Mindmaps können dir beim Vokabellernen helfen. Zeichne Mindmaps zu anderen Themen.

Zum Beispiel: Kleidungsstücke, Verkehrsmittel, Berufe, Reisen …

Mindmap — Essen und Trinken:
- Gemüse: die Gurke (-n)
- Obst: der Apfel (-̈)
- Speisen
- Fleisch
- Sonstiges
- Getränke
- im Restaurant
- in der Küche

AUSSPRACHE | z – tz

12 Hör zu und sprich nach. Du hörst immer *ts*. Ergänze die Buchstaben.
Meistens schreibst du *z*, manchmal schreibst du aber auch *tz*. 🔊 1/26

Sal○streuer   schwar○   Pla○   be○ahlen   ○wei   ach○ig   ○ucker
Pi○zeria   ○eit   gan○   ○urück   je○t   ○weiund○wan○ig

13 Ergänze die Dialoge mit Wörtern aus Übung 12. Hör dann zu. 🔊 1/27

a ○ Gehen wir _jetzt_ essen? Hast du _____?
  ◆ Ja, gehen wir doch in die _____ am Hauptplatz.
  ○ Dort ist es aber immer so voll. Wir bekommen sicher keinen _____.

b ○ Darf ich Ihren _____ nehmen? Ich bringe ihn sofort _____.
  ◆ Ja, natürlich.

c ○ Bitte _____ mal Kaffee mit _____.
  ◆ Möchten Sie den Kaffee _____ oder mit Milch?

d ○ Wir möchten _____.
  ◆ Das macht _____ Euro _____.

72 zweiundsiebzig

C WORTSCHATZ | Berufsausbildung

14 Finde den richtigen Beruf. Schreib auch die weibliche Form. C1

> Friseur ★ Mechatroniker ★ Tierarzt ★ Fotograf ★ Koch ★
> Büroassistent ★ IT-Fachmann ★ Pflegefachmann ★ Kellner

a Die Person hilft kranken Tieren. — — Tierärztin

b Die Person schneidet Haare.

c Die Person hilft kranken Menschen.
   Sie ist aber keine Ärztin / kein Arzt.

d Die Person repariert Autos.

e Die Person schreibt Computerprogramme.

f Die Person macht Fotos.

g Die Person kocht in einem Restaurant.

h Die Person bringt in einem Restaurant
   die Speisen und Getränke.

i Die Person macht die Schreibarbeiten in einem Büro.

15 Hör zu. Welche Ausbildung und welchen Beruf haben die Personen?
Verbinde. Achtung: Nicht alles passt! C2 1/28

Name	Schuljahre	Schule	Ausbildung	Beruf
Sonja	10 Jahre Schule	Hauptschulabschluss	Lehre	Verkäuferin
Jonas	9 Jahre Schule	Realschulabschluss	Technische Hochschule	Friseurin
Alex	13 Jahre Schule	spezielle Schule	Universität	Lehrer
Kira		Abitur	Musikschule	Kellner
				Musiker
				IT-Fachfrau
				Pflegefachfrau

(Sonja — 10 Jahre Schule — Hauptschulabschluss; Jonas — 9 Jahre Schule)

16 Beschreibe die Ausbildung von zwei Personen aus Übung 15. Schreib auch Sätze über dich. C2

a Sonja ist neun Jahre in die Schule gegangen. Sie

b

c Ich gehe   . Dann möchte ich

dreiundsiebzig 73

D HÖREN: ALLTAGSSPRACHE

17 Was weißt du noch? Ergänze die Namen. D2 KB S. 55

S Sarah ★ Hu Herr Huber ★ Ha Frau Hacker ★ L Lukas

a ( ) hat Angst, dass er mit der Arbeit nicht pünktlich fertig wird.

b ( ) meint, ( ) soll nicht so lange Pausen machen.

c ( ) macht im Geschäft etwas kaputt und sagt: „Das war ( )."

d ( ) denkt, ( ) hat die Flaschen kaputt gemacht.

e ( ) soll die Flaschen bezahlen.

f ( ) erzählt Herrn Huber, dass ( ) die Flaschen kaputt gemacht hat.

18 Ergänze die Sätze. D2

```
Ich hasse ...        weg
Das ...              schon gut
Ja, ja, ist ...      fertig
Ich bin ...          den Job
Ich muss ...         ist meine Sache
```

Ali: **a** _____. Den ganzen Nachmittag Autos waschen, schrecklich!
Ich mache jetzt Schluss.

Jakob: Aber da stehen noch fünf Autos. Was sagst du Herrn Käfer?

Ali: **b** _____. Ich habe einen Termin.
    c _____.
... Herr Käfer, das war das letzte Auto. **d** _____.
Ich gehe jetzt.

Herr Käfer: **e** _____, Ali.

Jakob: Ich bleibe noch und wasche auch noch die zwei Autos dort drüben, Herr Käfer.

Herr Käfer: Gut, Jakob, aber ich kann dir leider nicht mehr bezahlen.

Jakob: Oh, das habe ich ja ganz vergessen. Ich habe auch einen Termin. Ich muss leider auch weg.

E GRAMMATIK | Nebensätze mit *wenn*

19 Ordne zu. Finde fünf Schul- und fünf Verkehrsregeln.

1 Wenn du gute Tests schreibst, …
2 Wenn du das Abitur schaffst, …
3 Wenn du in einer Stadt Auto fährst, …
4 Wenn du dieses Zeichen siehst, …
5 Wenn du neun Jahre lang die Schule besucht hast, …
6 Wenn du mit dem Fahrrad nach rechts oder nach links fahren willst, …
7 Wenn du sehr schlechte Noten hast, …
8 Wenn du krank bist, …
9 Wenn du dieses Zeichen siehst, …
10 Wenn du in Deutschland mit einem Moped fahren möchtest, …

a musst du 16 Jahre alt sein.
b musst du ein Schuljahr wiederholen.
c bekommst du gute Noten.
d kannst du an einer Universität studieren.
e musst du stehen bleiben.
f darfst du nicht in diese Straße fahren.
g kannst du eine Lehre machen.
h musst du mit der Hand ein Zeichen geben.
i brauchst du eine Entschuldigung von deinen Eltern.
j darfst du nicht schneller als 50 km/h fahren.

Schulregeln: 1 c, _____ Verkehrsregeln: _____

20 Ordne richtig zu und schreib immer zwei *wenn*-Sätze.

mit dem Bus – fahre – ich – zur Schule – Wenn – ,   kann ich noch pünktlich sein.
nehme – ich – Wenn – das Fahrrad – ,   komme ich zu spät.

a *Wenn ich mit dem Bus zur Schule fahre, komme ich*
b

Niklas – weiter – geht – Wenn – zur Schule – ,   kann er schon Geld verdienen.
Niklas – eine Lehre – Wenn – macht – ,   kann er nächstes Jahr das Abitur machen.

c *Wenn*
d

das Wetter – Wenn – schön ist – morgen – ,   sehen wir fern.
regnet – es – Wenn – morgen – ,   machen wir eine Radtour.

e *Wenn*
f

fünfundsiebzig 75

17

> den Job – Wenn – ich – bekomme – , ich – kann – kaufen – das Moped.
> ich – Wenn – verdiene – kein Geld – , weiter Rad fahren – ich – muss.

g ....

h ....

> ich – gehe – auf die Party – Wenn – , ich – nicht mit Julia tanzen – kann.
> meine Lieblingsserie – sehe – ich – Wenn – , meine Lieblingsserie – ich – kann – nicht sehen.

i ....

j ....

21 Wen stört was? Schreib für jede Person zwei Sätze. E2

> keine Hausaufgaben machen ★ Test sehr schwierig sein ★ meine Kopfhörer nehmen ★
> nicht pünktlich zur Schule kommen ★ jedes Wochenende ohne mich auf eine Party gehen ★
> Unterricht langweilig sein ★ immer streiten

a Lehrer/Lehrerin: *Es stört mich, wenn meine Schülerinnen und Schüler*

b Geschwister: *Ich mag es nicht, wenn mein Bruder/meine Schwester*

c Schüler/Schülerin: *Es gefällt mir nicht, wenn*

22 Was stört dich? Schreib fünf persönliche Sätze. E2

> Hausaufgaben machen ★ Biologie lernen ★ Gitarre üben ★ einkaufen gehen ★
> an der Haltestelle warten ★ Geld suchen ★ …

Es stört mich, wenn meine Lehrerin / mein Bruder / meine Eltern / meine Freunde / jemand …

FERTIGKEITENTRAINING

23 [LESEN] Lies den Text und die Aufgaben a–i. Ergänze M für Melina, E für Emil und S für Stella.

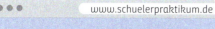

Ein Job für sieben Tage …

Die Praktikumswoche ist vorbei! Eine Woche lang haben Schülerinnen und Schüler aus der neunten Klasse in verschiedenen Firmen das Berufsleben kennengelernt. Melina, Emil und Stella erzählen von ihrer Praktikumswoche.

Melina, 15

Ich war in einer Bank. Es hat mir zuerst sehr gut gefallen. Die Chefin und die Angestellten waren sehr höflich und freundlich. Man muss in der Bank immer elegante Kleidung tragen und attraktiv aussehen, auch das war cool. Aber dann war ich viele Stunden lang nur in einem kleinen Zimmer und habe gerechnet und gerechnet. Das war nicht so toll. Ich weiß jetzt, ich möchte in meinem Beruf einmal mit Menschen arbeiten, am liebsten mit Kindern. Ich gehe sicher noch weiter in die Schule. Später will ich Lehrerin werden.

Emil, 16

Mein Praktikum war toll. Ich habe bei einem Tischler gearbeitet. Ich bastle sehr gern. Für mein Zimmer habe ich zum Beispiel Bücherregale gebaut. Das macht mir einfach Spaß. Da war das Praktikum in der Tischlerei ideal. Der Chef war sehr freundlich. Er hat gesagt, wenn ich möchte, kann ich nach diesem Schuljahr bei ihm als Lehrling anfangen. Aber ich bin noch nicht sicher. Ich gehe auch ganz gern zur Schule. Wenn ich Abitur machen will, kann ich jetzt keine Lehre machen. Vielleicht später. Die Entscheidung ist schwierig.

Stella, 15

Mein Praktikum war eine Katastrophe. Ich habe alles falsch gemacht. Ich habe in einem Restaurant gearbeitet. Da musst du jeden Tag um fünf Uhr früh aufstehen. Schon am ersten Tag bin ich zu spät gekommen. Und dann hatte ich auch noch andere Probleme: Da gibt es Besteck und Teller für die Suppe, für das Brot, für den Fisch, für das Fleisch … Ich habe am Anfang immer alles an den falschen Platz gelegt. Einmal habe ich zwanzig Teller in die Küche getragen. Dann war da plötzlich ein Stuhl, den habe ich nicht gesehen, und alle Teller waren auf dem Boden. Es war schrecklich. Aber der Chef war nett. Er war gar nicht richtig böse. Ich bin froh, dass das Praktikum vorbei ist.

a _M_ musste immer attraktiv aussehen, das hat ihr im Praktikum gefallen.
b ____ kann im nächsten Jahr bei seiner Praktikumsfirma als Lehrling arbeiten.
c ____ hat in ihrem Praktikum Fehler gemacht.
d ____ hat das Praktikum Spaß gemacht.
e ____ hat die Arbeit im Praktikum langweilig gefunden.
f ____ hat in einem Restaurant gearbeitet.
g ____ will vielleicht weiter zur Schule gehen.
h ____ möchte später mit Kindern arbeiten.
i ____ musste sehr früh aufstehen.

siebenundsiebzig 77

24 HÖREN

Kann Arbeit Spaß machen? Du hörst ein Radio-Interview mit dem Sozialpsychologen Dr. Mengenbach zum Thema. Lies zuerst die Aufgaben a–f. Was ist vielleicht richtig? Kreuze an. Hör dann das Interview: Was ist richtig? Kreuze an. 🔊 1/29

	vor dem Hören vielleicht richtig	beim / nach dem Hören richtig
a Wenn man einen Beruf wirklich will, …		
kann man viel Geld verdienen.	○	○
wird man auch glücklich in diesem Beruf.	✗	○
schafft man auch schwierige Prüfungen.	○	○
b Wenn es Probleme gibt, …		
muss man den Beruf wechseln.	○	○
soll man weiter an seine Idee glauben.	○	○
soll man zu einem Psychologen gehen.	○	○
c Albert Einstein …		
hatte Probleme mit seinen Mathematiklehrern.	○	○
war in der Schule nicht so gut in Sprachen.	○	○
war zuerst nicht zufrieden mit seinem Beruf.	○	○
d Claudia Schiffer …		
war als Jugendliche gar nicht so besonders hübsch.	○	○
war eine sehr gute Schülerin.	○	○
war immer schon sehr attraktiv.	○	○
e Beethovens Musiklehrer sagte zu seinem Schüler:		
„Du musst mehr üben."	○	○
„Du kannst keine Musikstücke schreiben."	○	○
„Du schreibst sehr schöne Lieder."	○	○
f Wenn man in seinem Beruf glücklich sein will, …		
muss man viel Glück haben.	○	○
muss man gute Freunde haben.	○	○
muss man viel arbeiten.	○	○

HÖREN IN DER PRÜFUNG

Lies zuerst die Sätze gut durch. Was meinst du? Welcher Satz ist vielleicht richtig? Welcher Satz ist vielleicht falsch?

Zum Beispiel:
In Beispiel a ist Antwort 1 vielleicht falsch: Warum kann man viel Geld verdienen, wenn man einen Beruf wirklich will? Das ist seltsam. Dieser Satz ist vielleicht falsch. Antwort 2 dagegen ist vielleicht richtig.

Hör dann den Text zwei- oder dreimal und achte auf wichtige Wörter.
Zum Beispiel:
Für Beispiel a sind *Geld verdienen*, *glücklich* und *Prüfungen schaffen* wichtige Wörter. Kannst du diese oder ähnliche Wörter im Text hören? Wer sagt diese Wörter? Wie heißen die Sätze im Text genau?

25 LESEN Lies den Text. Ergänze die Wörter. Achtung: Nicht alle Wörter passen.

schaffen ★ Mechatronikerin ★ Ausbildung ★ schwierig ★ Musikerin ★ Job ★ verdienen ★ fleißig ★ gehen

Musik ist mein Leben. Ich will **a** _____ werden. Vor drei Jahren hatte ich diese Idee zum ersten Mal. Es wird nicht einfach, aber ich möchte es **b** _____. Ich muss eine neue Gitarre kaufen und ich brauche auch eine gute **c** _____. Ich möchte auf eine Musikschule gehen. Und dann muss ich natürlich **d** _____ sein und viel üben. Aber das alles kostet Geld und meine Eltern **e** _____ nicht so viel.

Das weiß ich. Deshalb suche ich zuerst einen **f** _____.

Ich brauche Geld für meine neue Gitarre.

Julia

26 SPRECHEN „Alles klar?", das Radioprogramm für junge Leute, sucht Jugendliche für ein Interview. Thema: „Was willst du werden? Was ist dein Traumberuf?" Beantworte die Fragen und schreib einen kurzen Text. Mach dann ein Interview mit einer Freundin / einem Freund.

- Was möchtest du am liebsten werden?
- Wann hattest du das erste Mal diese Idee?
- Was musst du machen, wenn du das schaffen willst?

17 LERNWORTSCHATZ

A1a giftig

sterben → er stirbt

Viele Menschen sind schon nach einem Fugu-Essen gestorben.

• Koch, der, ¨-e
• Köchin, die, -nen

A2a • Prüfung, die, -en

Vor Prüfungen bin ich immer nervös.

• Parkplatz, der, ¨-e

Vor dem Restaurant gibt es einen Parkplatz.

legen

Er legt das Messer neben die Gabel.

schneiden

Die Köchin schneidet das Fleisch.

sauber

≠ schmutzig

• Mittagessen, das, -

○ Wann gibt es Mittagessen? ◆ Um 13 Uhr.

A2b braten

○ Kannst du kochen?
◆ Nicht wirklich, ich brate mir manchmal eine Wurst.

backen

○ Ich schon, ich backe gern Kuchen.

• Ausbildung, die, -en

Akio macht eine Ausbildung zum Koch.

• Lehre, die, -n

Laura will eine Lehre zur Friseurin machen.

an·bieten

Das Restaurant bietet viele verschiedene Speisen an.

• Art, die, -en

Es gibt Tausende Fischarten.

• Kritik, die (Sg.)

Meister Sato findet es wichtig, dass Akio Kritik akzeptieren kann.

akzeptieren

• Team, das, -s

Er passt gut ins Team.

A2c beliebt

Fugu ist in Japan sehr beliebt.

B1a *Das Rezept*

• Lauch, der (Sg.)   • Zwiebel, die, -n   • Pfeffer, der (Sg.)   • Salz, das (Sg.)   • Sardelle, die, -n   • Topf, der, ¨-e

• Öl, das, -e   stellen   • Appetit, der (Sg.)

Bitte stelle den Topf auf den Herd.   Guten Appetit!

B2a *Tisch decken*

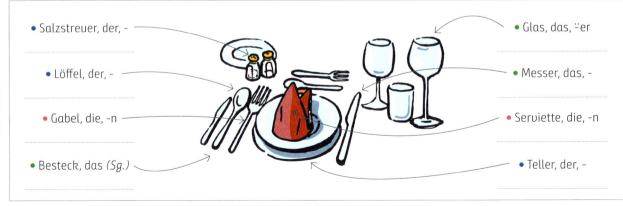

• Salzstreuer, der, -
• Löffel, der, -
• Gabel, die, -n
• Besteck, das (Sg.)

• Glas, das, ¨-er
• Messer, das, -
• Serviette, die, -n
• Teller, der, -

LERNWORTSCHATZ 17

B3a bestellen — Sollen wir kochen oder eine Pizza bestellen?
- Gasthaus, das, ¨-er — Im Gasthaus gibt es oft traditionelle Speisen.
- Menü, das, -s — Die Menüs im Gasthaus sind billig.
- Mensa, die, Mensen — Hast du auch Hunger? Wir gehen in die Mensa.

B3b • Vorspeise, die, -n — ○ Nimmst du eine Vorspeise? ◆ Ja, einen Salat.

C1a+b Berufe
- Büroassistent, der, -en
- Büroassistentin, die, -nen
- Mechatroniker, der, -
- Mechatronikerin, die, -nen
- Beamter, der, Beamten
- Beamtin, die, -nen
- Kellner, der, -
- Kellnerin, die, -nen
- IT-Fachmann, der, ¨-er
- IT-Fachfrau, die, -en
- Pflegefachmann, der, ¨-er
- Pflegefachfrau, die, -en
- Chef, der, -s
- Chefin, die, -nen

C1c
- Abitur, das *(Sg.)* — Als Architektin oder Architekt braucht man Abitur.
- studieren — Sie studiert Biologie an der Universität.

C2b • Note, die, -n
○ Warum lernst du so viel?
◆ Ich will gute Noten bekommen.

D1c
- Abfall, der, ¨-e — Bitte werfen Sie Ihren Abfall in den Mülleimer.
- Mülleimer, der, -
- werfen → er wirft
- Dose, die, -n
- Schachtel, die, -n
- Flasche, die, -n
- Kiste, die, -n
- kleben
- leer — Was essen wir heute? Der Kühlschrank ist leer.

D2b nerven — Meine kleine Schwester nervt mich oft.
fertig — ○ Hast du alles gemacht? ◆ Ja, ich bin fertig.

E1a wenn — Wenn ihr müde seid, könnt ihr schlafen gehen.
- Kunde, der, -n — Die meisten Kunden sind freundlich. Nur wenige nerven.
- Kundin, die, -nen

E2a stören — Es stört unseren Lehrer, wenn wir nicht zuhören.
faul — Mein Bruder hilft nie mit. Er ist oft sehr faul.
≠ fleißig
rauchen
schimpfen — Maria ist unzufrieden mit ihrer Arbeit. Sie schimpft immer.
voll — ≠ leer

1a täglich — = jeden Tag

2a • Trinkgeld, das, -er — ○ Hast du der Kellnerin Trinkgeld gegeben? ◆ Ja, natürlich.

einundachtzig 81

18 Damals durfte man das nicht …

A TEXT

1 Was weißt du noch? Kreuze die richtigen Antworten an. A3 KB S. 59

a Ein deutscher Fernsehsender wollte …
- ○ ein Bauernhaus im Schwarzwald kaufen.
- ○ eine Berliner Familie auf eine Zeitreise schicken.
- ○ einen Kinofilm im Schwarzwald machen.

b Die Familie Boro musste …
- ○ drei Monate lang
- ○ ein halbes Jahr lang   wie eine Bauernfamilie im Jahr 1902 leben.
- ○ einen Sommer lang

c Die Boros durften …
- ○ nur Radio hören.
- ○ nicht auf den Markt gehen und einkaufen.
- ○ keine Handys haben.

d Die Boros mussten …
- ○ jeden Tag Kartoffeln essen.
- ○ selbst für ihr Essen und Trinken sorgen.
- ○ das Bauernhaus reparieren.

e Die Boros konnten …
- ○ kein Geld verdienen.
- ○ in den drei Monaten sehr viel lernen.
- ○ drei Monate lang keine Milch trinken.

Projekt „Schwarzwaldhaus 1902" – Familie Boro, moderne Großstadtfamilie, lebt wie vor 100 Jahren, ohne Telefon, Strom, Fernseher und fließend Wasser, als Selbstversorger, abgeschottet von der Außenwelt, unter ständiger Beobachtung eines Kamerateams. Schwarzwald-Haus, Baden-Württemberg, Deutschland, 29.09.2001

B WORTSCHATZ | Aktivitäten im Alltag

2 Die Boros sind wieder in Berlin. Löse das Bilderrätsel und ergänze den Text. B1

Das Leben in Berlin ist für die Familie Boro einfacher als das Leben im Schwarzwaldhaus.

Sie müssen kein **a** .... und auch kein **b** .... machen, sie können einfach ihre

c .... einschalten. Sie müssen auch keine Kühe, Schweine und Hühner, sondern nur ihre

Katze **d** .... Sie können auf ihrem Herd und in ihrer **e** ....

kochen. Das Geschirr müssen sie nicht **f** ...., sondern können es einfach in

den **g** .... stellen. Wenn sie die Wohnung in Ordnung bringen,

brauchen sie keinen **h** .... Sie können einfach mit ihrem Staubsauger

i .... Sie müssen kein Gemüse im Garten **j** ....,

sondern können im Supermarkt einkaufen. Am Abend können sie fernsehen, und wenn sie Licht brauchen,

gibt es in jedem Zimmer einen **k** ....

3 Hör zu. Welche neun Hausarbeiten nennen die Jugendlichen? Ergänze. B1 🔊 1/30

a _ s c h _ _ w _ _ _ _ _ _   e _ a u s _ _ _ _ _ _
b _ o _ _ _ _ _ _ _ _ _   f _ _ t t _ _ c h _ _
c _ _ k _ _ _ _ _ _ _   g _ _ _ _ e r _ _ r _
d _ p _ _ _ _ _ _ _ _   h _ ä _ _ _ w _ _ _

4 Hör noch einmal. Wer muss welche Arbeit machen? Schreib Sätze. B1 🔊 1/30

a *Maria muss*
b *Silvia muss*
c *Caro muss*

5 Wer macht bei dir zu Hause welche Hausarbeiten? B1

Bruder ★ Schwester ★ Vater ★ Mutter ★ Großvater ★ Großmutter ★ ich ★ …

Ich
Meine/Mein

18

C GRAMMATIK | Präteritum von *müssen, können, dürfen* ...

6 Ordne die Verben im Präteritum richtig zu. Ergänze auch das Präsens. C1

~~konnte~~ ★ wollten ★ musste ★ konntest ★ durften ★ musstest ★ musstet ★ konntet ★ konnten ★ sollten ★ wolltet ★ durfte ★ mochte ★ solltest ★ durftest ★ mochtet ★ durftet ★ mussten ★ mochtest ★ sollte ★ wollte ★ wolltest ★ mochten ★ solltet

	Präsens (jetzt)	Präteritum (früher)
ich, er, es, sie, man	kann,	konnte,
du		
wir, sie/Sie		
ihr		

7 Präsens oder Präteritum? Lies die Dialoge und unterstreiche die richtigen Formen. C1

a ○ Warum warst du gestern nicht auf der Party?
♦ Ich [musste | muss] noch Hausaufgaben machen, ich [kann | konnte] nicht kommen.

b ○ [Kann | Konnte] dein kleiner Bruder schon schwimmen?
♦ Vor einem Jahr [kann | konnte] er es noch nicht, aber jetzt [konnte | kann] er sehr gut schwimmen.

c ○ Wir [wollen | wollten] im Park Fußball spielen, komm doch mit.
♦ Nein, ich [konnte | kann] nicht, ich [muss | musste] noch einkaufen.

d ○ [Müsst | Musstet] ihr morgen noch für euer Konzert üben?
♦ Nein, wir [mussten | müssen] nicht mehr üben, das Konzert war letztes Wochenende.

e ○ [Will | Wollte] deine Schwester noch immer Krankenschwester werden?
♦ Vor einem halben Jahr [will | wollte] sie das noch, aber jetzt [wollte | will] sie Architektur studieren.

f ○ War dein Bruder auch auf der Party?
♦ Nein, mein Bruder [darf | durfte] nicht mitkommen. Er [muss | musste] zu Hause bleiben.

g ○ Du nimmst sicher keinen Fisch, du magst Fisch ja nicht.
♦ Doch, früher [mag | mochte] ich Fisch nicht, aber jetzt [mochte | mag] ich ihn sehr gern.

h ○ Warum warst du nicht bei Claudia? Du [solltest | sollst] doch mit ihr Deutsch lernen.
♦ Ja, aber wir [konnten | können] nicht lernen. Claudia war krank.

8 Ergänze *können* in der richtigen Form und ordne die Zeitangaben zu.

~~nach „Schwarzwaldhaus 1902"~~ ★ nach zwei Wochen Krankengymnastik ★ nach dem Computerkurs ★ nach ein paar Stunden Üben ★ nach meinem Sprachkurs ★ nach dem Urlaub am Meer ★

a Die Boros _konnten_ keine Kühe melken und kein Holz und keine Butter machen, _nach „Schwarzwaldhaus 1902" können_ sie jetzt ohne Probleme auf jedem Bauernhof leben.

b Gestern _____ wir noch keinen Handstand machen, aber _____ _____ wir jetzt sogar auf den Händen gehen.

c Meine Großmutter _____ die Wörter E-Mail und Internet nicht verstehen, aber _____ sie jetzt im Internet surfen und E-Mails schreiben.

d Ich _____ kein Wort Spanisch verstehen, aber _____ ich jetzt sogar die Zeitung auf Spanisch lesen.

e Mein Großvater _____ nicht mehr richtig gehen, aber _____ er jetzt wieder jedes Wochenende in den Bergen wandern.

f Mein Cousin _____ nicht schwimmen, aber _____ er jetzt tauchen und schwimmen wie ein Fisch.

9 Laura war Kandidatin bei einer Realityshow. Lies das Interview, unterstreiche und ergänze das richtige Modalverb im Präteritum.

○ Laura, du **a** _durftest_ (sollen | <u>dürfen</u>) bei einer Realityshow mitmachen. Wie war das?

◆ Es war interessant, aber ich möchte so etwas nicht noch einmal machen.

○ Wie waren denn die Regeln?

◆ Wir waren acht Kandidaten und wir **b** _____ (müssen | wollen) vier Monate lang zusammen in einer kleinen Wohnung wohnen. Kameras in der Wohnung **c** _____ (dürfen | wollen) alles filmen, und die Fernsehzuschauer **d** _____ (können | müssen) alle unsere Aktivitäten sehen.

○ Warst du da nicht sehr nervös?

◆ Ja, am Anfang **e** _____ (mögen | sollen) ich die Kameras überhaupt nicht, aber später war das dann kein Problem mehr.

○ **f** _____ (dürfen | müssen) ihr die Wohnung nie verlassen?

◆ Nein, ich **g** _____ (wollen | müssen) schon nach einer Woche einmal hinaus und spazieren gehen, aber wir **h** _____ (dürfen | wollen) nicht.

○ Du **i** _____ (dürfen | mögen) nicht vier Monate lang bleiben, du **j** _____ (müssen | sollen) die Show schon nach zwei Wochen verlassen. Warum?

◆ Das haben die Fernsehzuschauer so entschieden. Wir **k** _____ (wollen | müssen) jede Woche zwei Namen nennen, und sie **l** _____ (können | wollen) dann entscheiden, wer aufhören muss.

○ War es nicht manchmal sehr langweilig in der Wohnung?

◆ Nein, eigentlich nicht, wir **m** _____ (müssen | mögen) jeden Tag verschiedene Aufgaben lösen, das war schon okay. Aber ich **n** _____ (müssen | mögen) dann das Leben in der Gruppe nicht mehr. Zwei Typen **o** _____ (wollen | dürfen) immer besonders cool sein, alles für die Zuschauer natürlich. Das war sehr peinlich. Nach zwei Wochen war für mich alles vorbei. Das war gut so.

10 Was *sollte* Julian am Sonntag tun, was *wollte* er tun? Zeichne Smileys und schreib Sätze.

a um acht Uhr aufstehen ☹   bis 10:00 Uhr schlafen ☺
   Julian sollte um acht Uhr aufstehen, aber er wollte lieber

b mit Freunden Fußball spielen ☺   im Garten helfen ☹
   Er wollte _____, aber

c Hausaufgaben machen ☹   einen Krimi lesen ☺

d sein Fahrrad reparieren ☹   das „Dschungelcamp" sehen ☺

e ins Kino gehen ☹   Gitarre üben ☺

f für den Geschichtstest lernen ☹   mit Jenny tanzen gehen ☺

11 Ergänze die Dialoge mit den richtigen Modalverben und den Informationen in der Tabelle.

	Pia	Luca	Lilly + Clara
mit sieben Jahren	Zirkusartistin werden (wollen) Wiener Schnitzel (mögen)	fernsehen (nicht dürfen) Zahnspange tragen (müssen)	Rad fahren (nicht können)
heute	Medizin studieren (wollen) Fleisch (nicht mögen) Zahnspange tragen (müssen)	Spielfilme (mögen)	Einrad fahren (können)

a Luca: Was *wolltest* du mit sieben Jahren _____, Pia?
  Pia: Ich *wollte* Zirkusartistin _____.
  Luca: Und heute?
  Pia: Heute _____ ich _____.

b Pia: Ich war gestern beim Zahnarzt. Ich _____ ein Jahr lang eine Zahnspange _____.
  Luca: Das ist nicht schlimm. Ich _____ früher auch eine _____.

c Pia: Siehst du gern fern, Luca?
  Luca: Früher _____ ich nie _____, aber heute sehe ich fast jeden Tag meine Lieblingsserie. Und ich _____.

d Frau Berger: Isst du kein Fleisch, Pia?
  Pia: Nein, _____ ich nicht. Ich bin Vegetarierin. Ich esse kein Fleisch.
  Frau Berger: Aber als Kind _____ du _____. Das war deine Lieblingsspeise, oder?
  Pia: Ja, _____ ich früher sehr gern.

e Luca: Ihr _____ super Einrad fahren, wo habt ihr das gelernt?
  Lilly: Im Sommer, in einem Zirkuskurs. Vor ein paar Jahren _____ wir überhaupt noch nicht _____.
  Clara: Und heute _____ wir sogar _____. Toll, oder?

AUSSPRACHE | ch

12 Welche Buchstaben fehlen hier? Ergänze die Buchstaben. Hör dann zu und sprich nach. 🔊 1/31

si__er   na__   __ina   wirkli__

besu__en   mo__te   au__   mi__

ko__en   glei__   ni__t   pünktli__

__ance   Kü__e   eu__   __emie

13 Wann spricht man *ch* wie in *ich*, wann wie in *nach*? Ordne die Wörter in **12** zu und ergänze die Regel.

ch wie in „ich"	**ch** wie in „nach"
gleich,	doch,

Regel
Nach *i, e, ei, eu, ü, ö* spricht man **ch** wie in _____.
Nach *a, o, u, au* spricht man **ch** wie in _____.
Manchmal spricht man **ch** auch wie *k* oder *sch*.

14 Ergänze die Dialoge mit den Wörtern in **12** in der richtigen Form. Ordne Fragen und Antworten zu. Hör dann zu und sprich nach. 🔊 1/32

a M_____ du den Film gestern?
b Be_____ du m____ au____ si____?
c War Silvia p_____?
d Gefällt eu_____ der neue Ch_____lehrer?

1 Na ja, geben wir ihm eine Ch_____.
2 Ja, sie ist schon in der K_____ und k_____.
3 Ja, klar! G_____ n_____ der Schule.
4 Den Film über Ch_____? Nicht w_____.

D HÖREN: ALLTAGSSPRACHE

15 Sarah spricht mit ihrem Großvater. Wer sagt was? Welche Aussagen passen? Ordne zu.

a Sarah „repariert" Großvaters Handy.
b Sarahs Großvater findet, dass das Leben früher einfacher war.
c Sarah vergleicht das Leben früher und heute.
d Sarahs Großvater findet, dass Sarah zu viele Schulaktivitäten hat.
e Sarah findet, dass Handys, Computer, Tablets, Skype und Streamingdienste das Leben interessanter machen.

1 „Keine Radwege, kein Handy und kein Computer, aber weniger Hausaufgaben, man kann halt nicht alles haben."
2 „Warte, einen Moment, das haben wir gleich. ... So, das war's. Jetzt geht es wieder."
3 „Du bist ja dauernd unterwegs. ... Wir hatten viel mehr Freiheiten."
4 „Früher war das Leben aber auch viel langweiliger."
5 „Alles wird immer komplizierter. Als alter Mensch kommt man da nicht mehr mit."

16 Ordne zu und ergänze den Dialog.

man kann nicht ...   wir gleich
Ich komme da ...   wird komplizierter
Alles ...   war's
das haben ...   nicht mehr mit
du bist ja dauernd ... alles haben
So, das ...   unterwegs

Oma: Tom, mein Computer funktioniert schon wieder nicht.

Tom: Ach, das ist kein Problem, **a** _____.

Oma: Das ist heute schon das zweite Mal, dass dieses neue Programm nicht funktioniert.
b _____, das ist schrecklich.

Tom: Es ist gar nicht so kompliziert. ... **c** _____.
Schau, ich bin schon fertig.

Oma: Ich verstehe diese neuen Programme nicht. **d** _____

Tom: Wenn es Probleme gibt, ruf mich einfach an. Ich helfe dir gern.

Oma: Aber du hast ja auch keine Zeit, **e** _____.

Tom: Na ja, ich muss in die Schule und jetzt trage ich auch noch Zeitungen aus,
da bleibt nicht viel Freizeit. Aber *man kann nicht alles haben*,
und für dich habe ich immer Zeit, das ist kein Problem.

E GRAMMATIK | Nebensätze mit *dass* und *weil*

17 Was ist richtig? Weißt du es sicher? Schreib Sätze mit *dass* ...

> **GRAMMATIK**
>
> Nebensätze mit *dass* findest du oft in diesen Situationen:
> - Was hat jemand gesagt, erzählt?
>   *Sarah hat gesagt, dass ...*
> - Wie denkt jemand über eine Situation?
>   *Moritz glaubt, dass ... / ... ist sicher, dass ... / ... meint, dass ...*
> - Wie ist eine Situation?
>   *Es ist schön/interessant/seltsam ..., dass ...*

a Die Hauptstadt von Finnland ist Helsinki | Oslo .

   Ich bin sicher, dass

   oder: *Ich glaube, dass*

b Robert Schumann war ein deutscher Musiker | Schauspieler .

c $a^2 + b^2 = c^2$ ist der Satz von Pythagoras | Aristoteles .

d Heidi Klum ist von Beruf Model | Musikerin .

e Österreich ist größer | kleiner als die Schweiz.

f Brötchen heißen in der Schweiz | in Österreich Semmeln.

18 Wer sagt was? Ordne zu und schreib Sätze mit *dass*.

a   Früher war das Leben viel einfacher.

b   Vielleicht kommt Pedro auch zu unserer Party.

c   Alles ist heute teurer als früher.

d   Das Christkind bringt die Geschenke zu Weihnachten.

e   Meine Katze ist weg.

f Unsere Mannschaft hat 4:0 gewonnen.

1 *Frau Müller meint, dass*

2 *Moritz glaubt, dass*

3 *Julian findet es toll, dass*

4 *Herr Bauer ist sicher, dass*

5 *Sina hofft, dass*

6 *Mona findet es traurig, dass*

19 Warum nicht? Finde für jede Frage drei passende *weil*-Antworten.

> ~~Ich habe kein Geld für die Kinokarte.~~ ★ Sabine kann nicht kommen. ★ Ich bin nicht eingeladen. ★ Ich mag keine Krimis. ★ Es ist heute viel zu warm. ★ Er ist zu eng. ★ Mir gefallen die Schauspieler nicht. ★ Ich war krank. ★ Die Farbe gefällt mir nicht. ★ Meine Mutter hat mich nicht geweckt. ★ Ich tanze nicht gern. ★ Ich musste zum Arzt.

a Warum willst du den Film nicht sehen?
   Weil ich kein Geld für die Kinokarte habe.

b Warum willst du nicht auf die Party gehen?

c Warum willst du den Pullover nicht anziehen?

d Warum warst du gestern nicht in der Schule?

20 Ordne zu und schreib Sätze mit *weil*. Wenn du Probleme hast, kannst du die Informationen zu den Personen in den Lektionen 13 bis 18 im Kursbuch finden.

a	Realityshows sind oft peinlich.	1 Das Wetter am Denali ist schlecht.	→ L14
b	Die Boros konnten im Schwarzwaldhaus nicht telefonieren.	2 Er möchte Fugu-Koch werden.	→ L17
c	Akios Ausbildung ist besonders schwierig.	3 Er hat kein Abitur.	→ L17
d	Ben kann nicht Medizin studieren.	4 Lukas hat Flaschen kaputt gemacht.	→ L17
e	Herr Huber ist böse.	5 Die Stürme machen das Meer dort sehr gefährlich.	→ L14
f	Thorsten S. und Jürgen H. sind im Gefängnis.	6 Markenkleidung ist viel zu teuer.	→ L13
g	Calandra ist wütend.	7 Sie durften keine Handys mitnehmen.	→ L18
h	Stefan Baumgartner und seine Freunde müssen in ihrem Zelt warten.	8 Die Kandidaten müssen oft dumme Dinge tun.	→ L18
i	Mias Eltern kaufen nur Kleidung im Sonderangebot.	9 Ihre Schwester hat ihre Nachricht von Tobin gelesen.	→ L15
j	Viele Schiffe sind vor Kap Hoorn untergegangen.	10 Sie sind Hochstapler.	→ L16

a Realityshows sind oft peinlich, weil die Kandidaten oft dumme Dinge tun müssen.
b
c
d
e
f
g
h
i
j

21 Schreib fünf der *weil*-Sätze aus Übung 20 auch mit *deshalb* oder *denn*. E2

Realityshows sind oft peinlich, **weil** die Kandidaten dumme Dinge tun müssen. *warum?*

Die Kandidaten müssen oft dumme Dinge tun. **Deshalb** sind Realityshows oft peinlich. *warum?*

Realityshows sind oft peinlich, **denn** die Kandidaten müssen dumme Dinge tun. *warum?*

a
b
c
d
e

GRAMMATIK

Wörter wie *weil, deshalb, dass, aber* geben dem Satz bestimmte Regeln.
Zum Beispiel:
- Nach *weil, wenn, dass* stehen alle Verben am Satzende:

  Herr Huber ist böse, **weil** die Flaschen kaputt **sind**.
- Nach *denn, und, aber, oder* und *sondern* steht ein normaler Aussagesatz:
  Akio arbeitet in Meister Satos Restaurant, **denn** er macht eine Ausbildung zum Koch.
- *Deshalb* kann wie *dann* oder *heute* an verschiedenen Positionen im Satz stehen.

Notiere diese Regeln
zusammen mit den Wörtern
in deinem Vokabelheft.

Zum Beispiel:
dass
und (+ Aussagesatz)
deshalb (wie dann)

18

FERTIGKEITENTRAINING

22 LESEN Lies den Text und die Aufgaben. Kreuze an: richtig oder falsch?

> **LESEN IN DER PRÜFUNG**
>
> Lies den Text einmal schnell und beantworte dann für dich die fünf W-Fragen:
> **Wer? Was? Wann? Wie? Warum?**
>
> Zum Beispiel:
> Wer?   → deutsche Auswanderer, ARD, …
> Was?   → nach Amerika segeln, Fernsehsendung machen, …
> Wann?   → früher und heute
> Wie?   → mit einem Segelschiff
> Warum?   → …
> Lies dann die Aufgaben, unterstreiche die Schlüsselwörter und such sie im Text.

„Windstärke 8" – Eine Zeitreise ins Jahr 1855

Der kürzeste Weg ist nicht immer der schnellste, vor allem nicht für ein Segelschiff aus dem 19. Jahrhundert. Circa zehn Wochen braucht ein Segelschiff für die Reise von Bremerhaven in Norddeutschland nach New York in den USA: Die Route führt zuerst in den Süden bis zu den Kapverdischen Inseln, dann mit dem Passatwind nach Westen und von den Bermudas in den Norden bis nach New York City. Viele deutsche Segelschiffe haben im 19. Jahrhundert diese Route gewählt. So haben sie damals circa 500.000 deutsche Auswanderer nach Amerika gebracht. Bauern, Handwerker und Kaufleute, sie alle wollten in Amerika ein neues und besseres Leben beginnen. Der deutsche Fernsehsender ARD hat nun wieder ein Segelschiff auf diese Reise geschickt. Kapitän Temme und seine Mannschaft sind zehn Wochen lang mit achtzehn „Auswanderern" auf der „Bremen" nach Amerika gesegelt. Ein Fernsehteam war mit an Bord. Die älteste Passagierin war 62 Jahre alt, der jüngste Passagier nicht einmal ein Jahr. Die Mannschaft und die Passagiere mussten auf dem Schiff genauso arbeiten und leben wie die deutschen Auswanderer im 19. Jahrhundert. So musste auch der Speiseplan wie auf den Auswandererschiffen im 19. Jahrhundert aussehen: Zu Beginn konnte der Schiffskoch noch mit frischem Obst und Gemüse kochen, später mussten die Passagiere Salzfleisch und Trockenobst essen. Zuletzt sollten auch sechs Hühner und fünf Hasen auf den Speiseplan kommen. Doch Leonie (11), Lilli (9) und Johannes (11) waren dagegen. Die „Kinderbande" auf der „Bremen" wollte ihre Haustiere nicht verlieren. Das Zuschauerinteresse für die Fernsehsendung war groß. 5.000 Kandidaten wollten die Reise auf der „Bremen" mitmachen, Tausende haben die Sendung gesehen. Bei der ARD ist man zufrieden: „So macht Geschichtsunterricht Spaß!"

		richtig	falsch
1	Segelschiffe wählen von Europa in die USA immer den kürzesten Weg.	○	✗
2	Im 19. Jahrhundert wollten viele Deutsche in die USA.	○	○
3	Ein deutscher Fernsehsender hat einen Film über eine Urlaubsreise gemacht.	○	○
4	Die Menschen auf der „Bremen" mussten so wie die Menschen im 19. Jahrhundert leben.	○	○
5	Die Menschen auf der „Bremen" haben kein frisches Obst bekommen.	○	○
6	Die Tiere auf dem Schiff sind die Haustiere von den Kindern geworden.	○	○

23 HÖREN Lukas, Lea und Conny sprechen über Realityshows. Hör zu und kreuze an. 🔊 1/33

		richtig	falsch
1	Lea hat „Das schaffst du!" gesehen.	○	✗
2	Conny findet „Das schaffst du!" gut.	○	○
3	Conny mag keine Realityshows.	○	○
4	Lea findet, dass man durch Realityshows etwas lernen kann.	○	○
5	Lukas möchte ein Kandidat in einer Realityshow sein.	○	○
6	Lea möchte bei „Das schaffst du!" mitmachen.	○	○

24 SPRECHEN Wie findest du Realityshows? Beantworte die Fragen und schreib einen kurzen Text für das Schulforum.

SCHUL-FORUM — *Unsere aktuelle Umfrage: Magst du Realityshows?*

Nico, 16: Ich sehe gern Serien. Realityshows mag ich nicht, weil ich sie alle langweilig finde. Eine gute Geschichte ist doch viel interessanter als so eine Show. Deshalb kenne ich auch nur wenige Realityshows.

- Welche Fernsehsendungen siehst du gerne?
  - ◆ Ich sehe oft _____
  - Meine Lieblingssendung ist _____

- Welche Realityshows kennst du?
  - ◆ Ich kenne _____
  - Die Kandidaten müssen _____

- Siehst du gern Realityshows? Warum/Warum nicht?
  - ◆ Ich finde, dass _____
  - Ich sehe gern _____, weil _____

- Möchtest du bei einer Realityshow mitmachen? Warum (nicht)?
  - ◆ Ich möchte _____, weil _____

25 SPRECHEN Ihr wollt zusammen eure Lieblingsserie sehen. Findet einen Termin. Partnerin/Partner A benutzt den Terminkalender auf dieser Seite, Partnerin/Partner B den Terminkalender auf Seite 191.

Wollen wir zusammen … sehen? Hast du Lust?
Ja, das ist eine gute Idee, wann hast du Zeit?
Geht es am … um …?
Nein, leider nicht, da … Aber um … kann ich.
Gut, dann komme ich am … um … zu dir und wir … zusammen …

SAMSTAG	PARTNERIN/PARTNER A
08:00	frühstücken
10:00	
12:00	Für die Familie kochen
14:00	
16:00	Volleyball-Training
18:00	
20:00	Party bei Tim

dreiundneunzig 93

18 LERNWORTSCHATZ

A1a
damals — Was habt ihr damals gemacht, so ganz ohne Handys?
• Sorge, die, -n — Die Hitze macht den Bauern Sorgen.
holen — Hast du heute schon die Post geholt?
• Holz, das *(Sg.)*
• Lebensmittel, das, - — Brot, Käse und Gemüse sind Lebensmittel.
pflanzen — In unserem Garten pflanzen wir Salat.
selbst — Ich mache das selbst, ich brauche keine Hilfe.
füttern — Hast du die Katze schon gefüttert?

A1b
romantisch — Liebesfilme sind romantisch.
stressig — Unser Urlaub war nicht ruhig, sondern stressig.
anders — Das Leben damals war ganz anders.

A2
• Butter, die *(Sg.)* — Butter wird aus Milch gemacht.
• Menge, die, -n — = wie viel
• Stück, das, -e — Ich esse ein Stück Kuchen.

A3a
• Ernte, die, -n — Die Kartoffelernte war kaputt.
klar — Für viele Menschen ist klar: Früher war nicht alles besser.
stolz — Du hast die Prüfung geschafft! Ich bin stolz auf dich!
• Streichholz, das, ⸚er
A3b
• Zuschauer, der, - — Die Fernsehsendung hat Tausende Zuschauer.
• Zuschauerin, die, -nen

B1a
• Feuer, das, - — Die Boros mussten jeden Morgen Feuer machen.
• Geschirr, das *(Sg.)* — = • Teller, • Gläser
• Geschirrspüler, der, -
das Geschirr spülen
• Heizung, die, -en
• Staubsauger, der, -
staubsaugen
• Lichtschalter, der, -

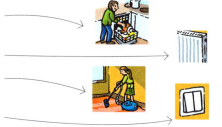

B1b
• Alltag, der *(Sg.)* — Der Alltag heute ist gemütlicher als früher.
notwendig — ○ Soll ich staubsaugen? ◆ Nein, das ist nicht notwendig.

C1a
• Regel, die, -n — Das Spiel hat viele Regeln.
streng — Unsere Lehrerin sehr streng.
ab·geben — Vor dem Test müssen wir unsere Handys abgeben.

C2a
• Kandidat, der, -en — Willst du Kandidat oder Kandidatin bei einer Realityshow werden?
• Kandidatin, die, -nen
schlimm — ○ Ich finde Realityshows furchtbar. ◆ Ich finde sie nicht so schlimm.

C2b
getrennt — ≠ zusammen
• Dorf, das, ⸚er — Er wohnt in einem kleinen Dorf am Land.
• Süßigkeit, die, -en — Bonbons und Schokolade sind Süßigkeiten.
• Bonbon, das, -s
scheußlich — ○ Magst du Spinat? ◆ Nein, Spinat finde ich scheußlich.
= widerlich

94 vierundneunzig

LERNWORTSCHATZ 18

C2d	verbieten	≠ erlauben
	berühmt	Will Smith ist Schauspieler, er ist sehr berühmt.
	• Realität, die, -en	= • Wirklichkeit
D1	früher	≈ damals
	• Haushalt, der, -e	○ Hilfst du im Haushalt? ◆ Ja, ich putze immer das Bad.
	• Verkehr, der (Sg.)	Verkehrschaos in Berlin: Bitte nehmen Sie die U-Bahn.
D2a	• Enkelkind, das, -er	Ich bin das Enkelkind meiner Großeltern.
	• Enkel, der, -	
	• Enkelin, die, -nen	
	• Gesundheit, die (Sg.)	Schlaf ist wichtig für die Gesundheit.
	• Tablet, das, -s	Ich schaue Serien auf meinem Tablet, wenn ich unterwegs bin.
	unterwegs	
E2a	nass	Ich bin im Regen nass geworden.
	weil (🎾)	Das Handy funktioniert nicht, weil der Akku leer ist.
E2b	• EC-Karte, die, -n	
	• Glühbirne, die, -n	
	• Motor, der, -en	Unser Auto funktioniert nicht. Der Motor muss repariert werden.
E3b	fröhlich	○ Warum bist du so fröhlich? ◆ Weil die Sonne scheint.
⊕ 1a	• Ampel, die, -n	An der Kreuzung ist eine Ampel. Dort musst du rechts gehen.
	• Kreuzung, die, -en	
	• Rentner, der, -	Meine Großmutter ist Rentnerin.
	• Rentnerin, die, -nen	

17 + 18 | MODUL-PLUS

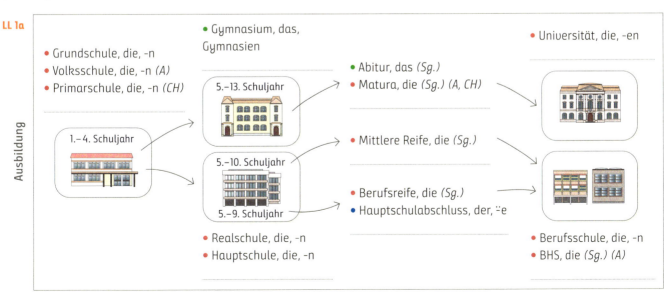

LL 1d	• Werkstatt, die, ¨-en	Mein Vater arbeitet in einer Autowerkstatt.
P 1a	• Gebäude, das, -	Unsere Schule ist in einem alten Gebäude.

TEST 17 + 18

1 GRAMMATIK *Wo?* oder *Wohin?* Ordne zu.

~~in der Pizzeria essen~~ ★ neben das Bett stellen ★ in der Stadt wohnen ★ ins Regal legen ★ an den Strand fahren ★ in der Schule bleiben ★ auf dem Sofa sitzen ★ ins Café gehen ★ vor dem Fernseher essen

Wo?	Wohin?
in der Pizzeria essen	

von 4

2 GRAMMATIK Unterstreiche das richtige Wort.

○ Ich habe mein Zimmer umgeräumt. Mein Bett steht jetzt unter dem | das Fenster.
Den Schreibtisch habe ich neben die | der Tür gestellt.

◆ Aber neben der | die Tür steht ja auch dein Schrank.

○ Nein, den Schrank habe ich ins | im Schlafzimmer gebracht.

◆ Und wo sind jetzt deine Kleider?

○ Die liegen auf dem | das Bett, auf den | dem Stuhl und auf den | dem Boden.

von 6

3 GRAMMATIK Unterstreiche das richtige Modalverb und ergänze es im Präteritum.

a Ich können | sollen _konnte_ gestern nicht kommen, ich hatte ein Fußballspiel.
b Bei dem Test müssen | dürfen _____ wir 25 Rechnungen in 45 Minuten rechnen.
c Meine Schwester Lilly dürfen | müssen _____ am Sonntag auf einem Pferd reiten.
d Mein Vater können | wollen _____ immer Pilot werden. Heute ist er Physiklehrer.
e Niklas müssen | sollen _____ um acht Uhr hier sein und jetzt ist es acht Uhr dreißig.
f Als Kind mögen | müssen _____ ich keinen Spinat und keinen Salat.

von 5

4 GRAMMATIK Schreib Nebensätze mit *dass*.

a Sarah hat ein neues Computerspiel bekommen.
Sarah hat erzählt, _dass sie ein neues Computerspiel bekommen hat._

b Die Schulmannschaft gewinnt das Basketballspiel.
Julian ist sicher, _____

c Realityshows haben oft sehr viele Zuschauer.
Es ist interessant, _____

d Mit 18 sollte man keine Comics mehr lesen.
Maria meint, _____

e Der Osterhase hat die Eier im Garten versteckt.
Meine kleine Schwester glaubt, _____

von 4

96 sechsundneunzig

17+18 TEST

5 GRAMMATIK — Ordne zu und schreib Wetterregeln mit *wenn*.

~~Man muss im Verkehr besonders gut aufpassen.~~ ★ Wir gehen ins Schwimmbad. ★ Wir können Ski fahren. ★ Es geht den Pflanzen im Garten gut.

a Es ist neblig. *Wenn es neblig ist, muss man im Verkehr besonders gut aufpassen.*
b Es ist sehr heiß. ___
c Es regnet. ___
d Es gibt Schnee. ___

von 3

6 WORTSCHATZ — Ergänze die Sätze.

lGsa ★ seMser ★ ~~eelrlT~~ ★ alseSuztrer ★ vterSeiet ★ alebG ★ öLeffl ★ ecseBtk

Speisen isst man von einem **a** *Teller*. Fleisch isst man mit **b** ___ und **c** ___, die Suppe mit einem **d** ___. Für die Nachspeise gibt es ein eigenes **e** ___. Getränke trinkt man aus einem **f** ___. Wenn im Essen Salz fehlt, braucht man den **g** ___. Die **h** ___ ist oft aus Papier und liegt rechts neben dem Teller.

von 7

7 WORTSCHATZ — Ergänze die Wörter.

Lehre ★ Universität ★ Fotograf ★ Abitur ★ Hauptschulabschluss ★ Architekt

Leon: Ich bin neun Jahre in die Schule gegangen und habe dann meinen ___ gemacht. Dann habe ich eine ___ begonnen. Heute bin ich ___.

Tim: Nach 13 Jahren Schule habe ich das ___ gemacht. Ich studiere Architektur an der ___. Ich möchte ___ werden.

von 6

8 ALLTAGSSPRACHE — Ergänze.

Ich bin fertig ★ Alles wird komplizierter ★ Ja, ja, ist schon gut ★ Das ist meine Sache ★ Das haben wir gleich

a ○ Warum grüßt du Felix nicht mehr? ◆ ___. Das kann ich dir nicht sagen.
b ○ So, das war der letzte Teller. ___. Tschüs. ◆ Tschüs.
c ○ Die Taschenlampe funktioniert nicht. Ich glaube, die Batterien sind leer.
◆ ___. Hier sind neue Batterien.
d ○ ___. Früher war alles einfacher. ◆ Das glaube ich nicht.
e ○ Es stört mich wirklich, wenn du nie aufräumst. ◆ ___. Ich räume schon auf.

von 5

G	W	A	Wie gut bist du schon?
18–22	11–13	5	😊 Sehr gut!
11–17	7–10	3–4	🙂 Okay!
0–10	0–6	0–2	😐 Na ja. Das übe ich noch.

siebenundneunzig 97

HALBZEIT!
PLATZ FÜR GUTE IDEEN!

Mein Vorbild, mein Idol — 19

A TEXT

1 Was weißt du noch? Finde die Sätze und ordne sie chronologisch.

○ Veronika war schwer verletzt …
○ Barbara, Veronika und Johannes brauchen bei den Rennen einen Guide, …
○ Schon bald holte die Familie Aigner …
○ Heute führt Elisabeth ihre Schwester Veronika …
○ Bei einem Abfahrtstraining …
○ Elisabeth fuhr früher bei internationalen Rennen mit …
1 Die vier Geschwister Aigner fahren so gut Ski, …
○ Viele dachten, das war das Ende von Veronikas Karriere, …

a doch Veronika gab nicht auf.
b als Guide durch die Rennen.
c bei den Paralympics die nächsten Goldmedaillen.
d und hatte Schmerzen in beinen Beinen.
e und konnte einige gewinnen.
f weil sie sehbehindert sind.
g dass sie regelmäßig Goldmedaillen gewinnen.
h kam es zu einem Sturz.

B WORTSCHATZ | Unfälle, Krankheiten

2 Schreib die Körperteile mit Artikel und Pluralsignal an die richtige Stelle.

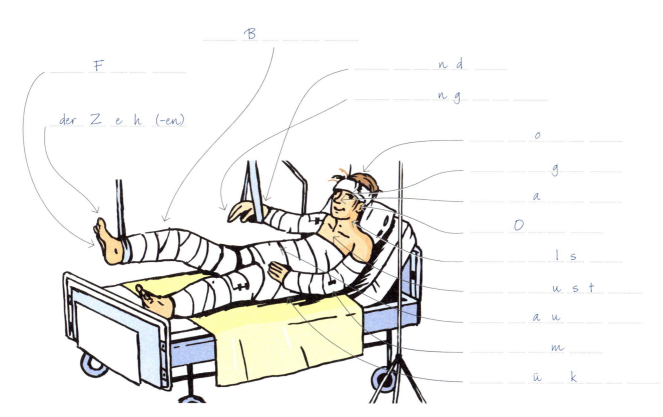

F_ _ _ _
B_ _ _ _
der Z e h (-en)
_ _ n _ d
_ _ n _ g
_ _ _ _ o _
_ _ _ _ g _
_ _ _ _ a _
_ _ _ O _
_ _ l _ s
_ _ u _ s t
_ _ a _ u
_ _ _ m _
_ ü _ _ k _

19

3 Schmerzen und Hilfe. Finde die Wörter und ordne zu. Ergänze. B1

unfallgestürztfieberblutetbewegenkopfschmerzengebranntgebrochen
salbepflasterkrankenhauskrankenwagenmedikamentgipsverband

Unfälle, Schmerzen

Ich habe ___ p f ___ c h m ___ z ___, …
Er kann sein Bein nicht ___ w ___ g ___ n,
  es ist ___ e b ___, …
Ihr Arm ___ l u ___ t, …
Da war Feuer. Ihre Hose hat ___ b r ___ t, …
Da war ein ___ f ___ l, …
Ich bin ___ s t ___ z t, mein Knie tut weh.
Meine Schwester hat hohes ___ i ___ b ___, …

Hilfe

er bekommt einen ___ p ___.
ich brauche ein ___ d ___ m ___ t.
wir müssen einen
  ___ a n ___ g ___ rufen.
Hast du ein ___ l ___ t ___ ?
sie braucht einen ___ b ___ n ___.
sie braucht eine ___ b e.
vielleicht muss sie ins
  ___ r ___ h ___ s.

4 Sieh die Zeichnungen an. Was ist passiert? Schreib eine Geschichte. B1

Freunde am Fluss treffen   Ich habe meine Freunde am Fluss getroffen.
Skateboard fahren   Wir sind

einen „Ollie" probieren
stürzen

der Arm wehtun
nicht bewegen können

ins Krankenhaus fahren
einen Gips bekommen

100 einhundert

5 Wie ist der Unfall passiert und wo war Tim zum Schluss? Hör zu und kreuze die beiden richtigen Antworten an. B1 2/01

○ beim Eislaufen ○ im Garten ○ beim Pizzabacken ○ im Krankenhaus

6 Hör noch einmal. Finde die Schlüsselwörter für die Hörgeschichte im Kasten und ordne die anderen Wörter für Unfallgeschichte 2. B1 2/01

> im Bett bleiben, Tee trinken und Medikamente nehmen ★ einen Verband machen ★ bluten ★ im Winter auf dem See eislaufen ★ ins kalte Wasser fallen ★ gemeinsam Pizza backen ★ zum Krankenhaus fahren ★ nach Hause gehen ★ Gemüse schneiden ★ mit Sophie sprechen ★ auf dem Eis einbrechen ★ einen Schnupfen und Fieber haben ★ ein Teil vom Finger weg sein

Geschichte 1 (Hörgeschichte)	Geschichte 2

7 Schreib Geschichte 1 oder Geschichte 2. B1

Tim hat mit seinen Freunden

Lina ist auf dem See

Weißt du's noch? S. 186
Perfekt

19

AUSSPRACHE | h

8 Wann hörst du *h* am Wortanfang? Kreuze an. 🔊 2/02

	a	b	c	d	e	f	g	h	i	j
h	○	○	○	○	○	○	○	○	○	○
kein *h*	○	○	○	○	○	○	○	○	○	○

9 Hör zu und sprich nach. 🔊 2/03

Hund – und   Hals – als   Herr – er   haben – Abend

Haus – aus   Honig – ohne   hören – Ohren   halten – Alter

10 Wo passen die Sätze in den Text? Ordne zu, hör zu und sprich nach. 🔊 2/04

Heute hatte Herr Erik einen Unfall.
Es passierte hier an der Haltestelle.
Herr Erik hat einen Hund als Haustier.

1 Ein Helikopter flog Herrn Erik ins Spital. ★
2 Da kamen hundert andere Hunde. ★
3 Sein Hund hatte Hunger.

a ○ Deshalb holte Herr Erik aus dem Hundegeschäft eine Hundewurst.

b ○ Herr Erik mit der Hundewurst war ihr Held, ihr Idol.
An der Haltestelle stürzte Herr Erik.

c ○ Herrn Eriks Hund hat immer noch Hunger.

C GRAMMATIK | Präteritum mit *-t-*, Präteritum von besonderen Verben

11 Schreib die Präsensformen. C1

Präteritum	Präsens	Präteritum	Präsens
er schickte	*er schickt*	wir zeichneten	
wir holten		es regnete	
sie schafften		ich wartete	
er operierte		Susanne bezahlte	
du hörtest		Herr und Frau Kuhn lebten	
ihr meintet			
Peter glaubte			

Weißt du's noch? S. 186
Präteritum von *sein, haben* und von Modalverben

102   einhundertzwei

12 Besondere Verben. Ordne die Zeitungsschlagzeilen den Themen zu und schreib die Infinitive zu den Präteritumformen. C1

Politik (P)	Alltag (A)	Film, Musik, Kunst (F)	Sport (S)
	fuhr – fahren		

Dreizehnjährige wurde Olympiasiegerin!

Skater fuhr schneller als Zug! A

Hunderttausend sahen neue Fernsehserie!

Talk im Turm: Thomas Berger sprach mit UNO-Generalsekretär.

Unfall auf der Autobahn: Rettungswagen kamen zu spät!

0:4 im Heimspiel! Die Fans fanden das gar nicht toll.

WELTREKORD: BELGIER Aß 55 STEAKS IN 4 STUNDEN.

Ärzteskandal: Patienten nahmen falsche Medikamente!

Kenianerin lief neuen Weltrekord.

Nach der Nato-Konferenz: Politiker riefen Polizei.

Österreicherin wusste alle Antworten und gewann eine Million Euro.

Starautor schrieb neues Theaterstück.

Politiker trank zu viel: Unfall mit 180 km/h!

Schiedsrichter bekam Probleme mit Fans.

> **WORTSCHATZ**
>
> Besondere Verben ändern im Präteritum den Vokal, zum Beispiel *finden – fand*. Wenn du ein Verb im Präteritum nicht verstehst, such das Wort im Wörterbuch. Dort findest du den Infinitiv, das Präteritum und das Partizip. Die besonderen Verben aus *Gute Idee!* A1+A2 findest du im Kursbuch A2 auf Seite 141.

13 Unterstreiche die richtige Zeitangabe. C2

a Sophie Scholl studierte 1942 | heute in München.

b Heute | 2023 besuchen viele Schülerinnen das Sophie-Scholl-Gymnasium in München.

c Das deutsche Fernsehen zeigt heute | vor einer Woche den Film „Die weiße Rose".

d Viele Menschen sahen den Film 1982 | nächsten Monat im Kino.

e 2005 | Nächstes Jahr kam der Film „Sophie Scholl – Die letzten Tage" ins Kino.

f „Die weiße Rose" bekam im Jahr 1983 | nächsten Sommer den Deutschen Filmpreis.

g Mehr als 14 Schulen in Deutschland tragen heute | in den letzten Jahren den Namen der Geschwister Scholl.

h Ein Platz in der Stadt Ulm bekam im Jahr 2006 | nächsten Herbst den Namen „Hans-und-Sophie-Scholl-Platz".

i An der Universität München gibt es seit 1968 | im Jahr 1985 das Geschwister-Scholl-Institut.

D HÖREN: ALLTAGSSPRACHE

14 Was weißt du noch? Ergänze die Sätze mit den richtigen Wörtern.

Gab es damals schon ★ So etwas habe ich nicht ★ das heißt ★ Stell dir vor ★ denk an ★ ~~Das finde ich~~

Julia: **a** _____, meine Mutter hatte sogar ein Poster von ihm in ihrem Zimmer.

Anna: **b** _____ Poster?

Julia: Ja, die 70er-Jahre waren doch nicht die Steinzeit, Anna.

…

Anna: *Das finde ich* ja so blöd!

Julia: Ja, aber **c** _____ Laura in unserer Klasse, die will doch auch immer aussehen wie Heidi Klum, ihr Idol.

…

Julia: Wer ist denn dein Idol, Anna?

Anna: Idol? **d** _____.

…

Anna: Und ihr Vater, **e** _____ mein Urgroßvater, ist aus dem Krieg nicht mehr nach Hause gekommen.

15 Ergänze den Dialog mit den Redemitteln aus Übung 14.

Julian: Schau, das Heft ist mehr als vierzig Jahre alt.

Jakob: **a** _____ Motorradmagazine?

Julian: Die 80er-Jahre waren doch nicht die Steinzeit, Jakob.

Jakob: Na ja, das Ding auf dem Foto sieht aber ziemlich alt aus.

Julian: Aber, **b** _____, mein Großvater hatte genau so ein Motorrad, **c** _____ es war in Wirklichkeit ein Moped. Man konnte mit dem Ding nicht schneller als 50 km/h fahren.

Jakob: Übrigens, hast du auch Motorradmagazine?

Julian: Nein, **d** _____. Mein Großvater hat Motorradhefte gesammelt, der ganze Schrank hier ist voll.

Jakob: **e** _____ so cool.

Julian: Ich weiß nicht. Ich finde, das braucht alles nur viel Platz.

Jakob: Aber **f** _____ Peter, der hat alle „Computer aktuell"-Hefte von 2013 bis heute, ich finde das super.

E GRAMMATIK | *obwohl* und *trotzdem*

16 Schreib *obwohl*-Sätze und überlege dann: War das mutig oder dumm? Vergleicht und diskutiert in der Klasse. E1

mutig (= ohne Angst)	dumm
b,	

a kann – sie – Obwohl – nicht gut schwimmen

Obwohl sie _____,
ist sie in den Fluss gesprungen und wollte ihren Hund retten.

b Auch Annas Großmutter wollte Medizin studieren und Ärztin werden,

haben – an der Universität – obwohl – nur Männer – Medizin studiert

obwohl _____.

c sie selbst – Obwohl – war – verletzt

Obwohl sie _____,
hat sie nach dem Unfall zuerst anderen Personen geholfen.

d Er hat seinem Freund gegen vier Fußball-Hooligans geholfen,

die Hooligans – obwohl – viel stärker waren

_____.

e er – Obwohl – Skateboard gefahren – ist – noch nie

_____,
hat er einen Skateboardtrick probiert und ist gestürzt.

f Christian trägt auch in der Schule oft seine Lederhose,

seinen Freunden – seine Tracht – obwohl – gefällt – überhaupt nicht

_____.

g darf – er – Obwohl – noch nicht – Motorrad fahren

_____,
hat er seine Freundin mit dem Motorrad nach Hause gebracht.

17 Ordne zu und schreib Sätze mit *obwohl*.

~~regnen~~ ★ Hand gebrochen sein ★ nicht viele Haare haben ★ sehr müde sein ★ schlechte Noten haben ★ verboten sein ★ kein Geld haben ★ keine Karten haben

a Er möchte schwimmen gehen, *obwohl es regnet.*
b Sie möchte teure Schuhe kaufen, _____ .
c Er möchte Basketball spielen, _____
d Er möchte wie Tom Holland aussehen, _____
e Er will links abbiegen, _____
f Er möchte Medizin studieren, _____
g Sie möchten ins Rockkonzert gehen, _____
h Er möchte unbedingt die Serie weitersehen, _____ .

18 Schreib die Sätze aus Übung 17 mit *trotzdem*.

a *Es regnet. Trotzdem möchte er schwimmen gehen.*
b
c
d
e
f
g
h

19 Er ist glücklich. – Sie ist traurig. Ergänze *er* oder *sie* in den *obwohl*-Sätzen und schreib dann zwei kurze Texte.

a obwohl _____ beim Biologietest keine Frage richtig hatte,
b obwohl die Sonne scheint,
c obwohl _____ die Mathematikhausaufgabe vergessen hat,
d Obwohl *er* zu spät in die Schule gekommen ist,
e obwohl alle in der Schule so nett waren,
f Obwohl _____ heute Geburtstag hat,
g obwohl Nele ein wunderschönes Geschenk für _____ hatte,
h obwohl _____ mit Peter einen Streit hatte,
i obwohl Jakob _____ am Kiosk zu einer Cola eingeladen hat,

Obwohl er zu spät in die Schule gekommen ist, und obwohl

ist er glücklich,
weil er am Nachmittag mit Lea ins Kino geht.

ist sie traurig,
weil Lukas noch immer nicht angerufen hat.

20 Schreib einen ähnlichen Text wie in Übung 19 über dich.

Obwohl _____
obwohl _____
obwohl _____
obwohl _____
_____
bin ich heute glücklich/traurig/müde ... ,
weil _____

21 Was passt? *Trotzdem* oder *deshalb*?

Weißt du's noch? S. 188
- Sätze mit *deshalb* ...
- Nebensätze

a Felix ist ein Brad-Pitt-Fan.
_____ sieht er alle Brad-Pitt-Filme.
_____ gefällt ihm sein letzter Film überhaupt nicht.

b Elena fährt sehr gern Rad.
_____ möchte sie im Sommer ein Moped kaufen.
Sie fährt _____ fast nie mit dem Bus zur Schule.

c Tim spielt sehr gut Tennis.
_____ hat er gegen Mara verloren.
_____ hat er auch das Schulturnier gewonnen.

d Julia kann gut rechnen.
_____ mag sie Mathematik.
Diese Rechnung kann sie _____ nicht lösen.

e Es regnet.
_____ bleiben wir heute zu Hause.
Elena fährt _____ mit dem Rad zur Schule.

f Jan spielt gut Gitarre.
_____ möchte er auch noch ein zweites Instrument lernen.
_____ möchte er auch in der Schulband mitspielen.

GRAMMATIK

Wenn du sagen möchtest, warum etwas passiert, hast du verschiedene Möglichkeiten. Vergleiche:

Ich bleibe zu Hause, **Warum?** → *weil* es regnet.
Ich bleibe zu Hause, **Warum?** → *denn* es regnet.
Ich bleibe zu Hause. **Warum?** → Es regnet *nämlich*.
Es regnet. ← **Warum?** *Deshalb* bleibe ich zu Hause.

einhundertsieben 107

19

FERTIGKEITENTRAINING

22 `LESEN` Du möchtest beim Erste-Hilfe-Tag mitmachen und liest das Programm. Lies die Aufgaben 1–5 und den Text. Welcher Workshop passt? Kreuze an.

1. Wir grillen. Plötzlich brennt Jans Hose. Wie helfe ich?
   - (a) Workshop B
   - (b) Workshop C
   - (c) anderer Workshop

2. Sofia hat eine Allergie. Sie bekommt Probleme bei Bienenstichen. Wie helfe ich?
   - (a) Workshop D
   - (b) Workshop E
   - (c) anderer Workshop

3. Ein Unfall ist passiert, jemand hat den Krankenwagen gerufen. Wie helfe ich?
   - (a) Workshop A
   - (b) Workshop F
   - (c) anderer Workshop

4. Paul ist beim Skaten gestürzt. Seine Wunde blutet sehr stark.
   - (a) Workshop C
   - (b) Workshop D
   - (c) anderer Workshop

5. Die fünfjährige Anna hat eine kleine Wunde am Knie. Sie weint. Wie helfe ich?
   - (a) Workshop A
   - (b) Workshop E
   - (c) anderer Workshop

---

www.realschule-kleefeld.de/erste-hilfe-tag

REALSCHULE KLEEFELD

Erste-Hilfe-Tag

Es kann ganz plötzlich passieren:
Jemand fällt vom Fahrrad, stürzt beim Skateboard fahren oder verletzt sich im Haushalt.
Wie kannst du helfen?
Was kannst du tun?
Das lernst du in unseren Workshops.

Workshop A
Hilfe bei kleinen Verletzungen, Wunden sauber machen, Pflaster und Verbände anlegen und einiges mehr ... Das lernst du in unserem Workshop.

Workshop B
Was tun, wenn eine Wunde stark blutet? Das zeigen wir dir in diesem Workshop.

Workshop C
Feuer kann gefährlich werden. Wie du bei Brandwunden hilfst, erklären wir dir in unserem Workshop.

Workshop D
Auch kleine Tiere können gefährlich werden. Was kannst du tun, wenn eine Biene oder ein anderes Insekt dich sticht? Das lernst du in unserem Workshop.

Workshop E
Nasenbluten ist nicht immer ungefährlich! Weißt du, was du bei Nasenbluten machen solltest? Nein? Dann komm in unseren Workshop.

Workshop F
Der Krankenwagen braucht fünfzehn Minuten bis zur Unfallstelle. In dieser Zeit musst du dich um Verletzte kümmern. Wir zeigen dir, wie.

Komm auch du!

LESEN IN DER PRÜFUNG

Lies den Text einmal schnell durch. Danach solltest du die Situationen zum Text genau lesen. Welche Stelle im Text passt zu welcher Situation? Vergleiche die Textstellen und unterstreiche die Wörter, die zusammenpassen.
Zum Beispiel: _Feuer_ kann gefährlich werden. → Plötzlich _brennt_ Jans Hose.
Bei einigen Sätzen bist du 100 % sicher, dass deine Lösung stimmt. Kreuze sie zuerst an.
Schreib unbedingt zu jeder Aufgabe eine Lösung.

19

23 HÖREN Du hörst fünf kurze Texte. Du hörst jeden Text zweimal. Kreuze die richtige Antwort a, b oder c an. 2/05–09

1 Was hat Jan beim Erste-Hilfe-Tag gelernt?
- a Wie man den Krankenwagen ruft.
- b Wie lange man auf den Krankenwagen warten muss.
- c Wie man bei einem schweren Unfall hilft.

2 Welche Verletzung hatte Emma? Sie …
- a hat das Bein gebrochen.
- b hat den Arm gebrochen.
- c hat im Helikopter ihren Arm verletzt.

3 Was sagt die Direktorin Frau Müller über den Erste-Hilfe-Tag? Sie …
- a findet, dass mehr Jugendliche kommen sollten.
- b hat viel gelernt.
- c möchte den Tag noch einmal machen.

4 Was hat Dr. Friebe am Erste-Hilfe-Tag gemacht? Er …
- a hatte einen Unfall.
- b hat einen Workshop gehalten.
- c hatte großes Interesse am Erste-Hilfe-Tag.

5 Wie hat Julian bei einem Unfall geholfen? Er …
- a hat ein Messer gebracht.
- b hat einen Druckverband gemacht.
- c hat ein Pflaster auf die Wunde getan.

24 SCHREIBEN Deine Freundin Sarah hatte einen Unfall und liegt im Krankenhaus. Schreib eine Nachricht an sie.

- Schreib, dass du von dem Unfall gehört hast.
- Frag, wie es ihr geht.
- Schreib, dass du sie besuchen willst.
- Nenn einen Tag und eine Uhrzeit.

Schreib 40–50 Wörter. Schreib zu allen vier Punkten.

Liebe Sarah,
ich habe gehört, dass …
Jetzt bist du …
Wie geht …?
Ich möchte …
Kann ich …?
Gute Besserung und liebe Grüße
…

19 LERNWORTSCHATZ

A1a
- Medaille, die, -n
- stürzen
- Sturz, der, ⸚e

behindert — Barbara Aigner ist sehbehindert. Sie kann fast nichts sehen.

A1b
- Ski, der, -

A1c
- Skifahrer, der, - — Skifahrer trainieren jeden Tag.
- Skifahrerin, die -nen

beide — Veronika und Elisabeth sind Schwestern. Beide sind Skifahrerinnen.

- Vorbild, das, -er — Mein großer Bruder ist ein Vorbild für mich. Ich möchte so werden wie er.

- Idol, das, -e — Meine Idole sind Skifahrer und Skifahrerinnen.

regelmäßig — = immer wieder

hinunter — Sie fährt den Berg mit 130 km/h hinunter.

rasen — = sehr schnell fahren

enden — ≠ anfangen, beginnen

- Erfahrung, die, -en — Der Sturz war eine schlimme Erfahrung für die Skifahrerin.

- Kontrolle, die (Sg.) — Sie verlor die Kontrolle über ihre Ski und stürzte.

mehrere — Wo warst du? Ich habe mehrere Stunden auf dich gewartet.

- Karriere, die, -n — Veronika macht eine tolle Karriere als Skifahrerin.

dabei sein — ○ Wer war bei der Feier dabei? ◆ Das ganze Team.

B1a (sich) bewegen — Mein Bein ist gebrochen, ich kann es nicht bewegen.

B1a Unfälle

 • Unfall, der, ⸚e
 gebrochen sein
 bluten
 • Fieber, das (Sg.)

 • Gips, der (Sg.)
 • Verband, der, ⸚e
 • Krankenwagen, der, -
 • Pflaster, das, -

 • Verletzung, die, -en
 • Krankenhaus, das, ⸚er • Spital, das, ⸚er (A)
 operieren • Operation, die, -en

LERNWORTSCHATZ

B1b brennen

• Grill, der, -s
grillen

Mein Vater grillt Würstchen und Gemüse.

• Salbe, die, -n

C2b • Partei, die, -en

Bei Wahlen wählt man meistens politische Parteien.

C2c • Philosophie, die *(Sg.)*

Philosophie ist ein Studienfach. Man kann es an der Universität studieren.

• Professor, der, -en
• Professorin, die, -nen

Professorinnen und Professoren unterrichten an Universitäten.

• Mitleid, das *(Sg.)*

Sie hatte einen Unfall. Ich hatte Mitleid und habe ihr geholfen.

diesmal

Letztes Mal hat meine Schwester das Spiel gewonnen. Diesmal gewinne ich!

C3 • Held, der, -en
• Heldin, die -nen

Heldinnen und Helden haben etwas Tolles getan.

D1a • Politiker, der, -
• Politikerin, die, -nen

Mahatma Gandhi war ein indischer Politiker.

• Freiheit, die *(Sg.)*

Mahatma Gandhi wollte, dass alle Menschen in Freiheit leben können.

D1c • Frisur, die, -en

D2c einzig-

○ Waren viele Leute auf der Party?
◆ Nein, wir waren die einzigen Gäste.

• Studium, das *(Sg.)*

Wenn man Ärztin werden möchte, muss man ein Studium an der Universität machen.

E1b obwohl

Ich möchte Musikerin werden, obwohl ich kein Instrument spiele.

E2a trotzdem

Ich bin müde. Trotzdem will ich noch nicht ins Bett gehen.

E2c besichtigen

In der Altstadt gibt es viele Touristen. Sie möchten die Sehenswürdigkeiten besichtigen.

⊕1a parken

○ Kann ich mein Auto hier parken?
◆ Nein, das ist kein Parkplatz.

nämlich

Ich habe Angst vor dem Meer. Ich kann nämlich nicht schwimmen.

(Sg.) = Singular: Das Wort kommt nur im Singular vor.
(Pl.) = Plural: Das Wort kommt nur im Plural vor.
(A) = Austria: So sagt man das Wort in Österreich.
(CH) = Schweiz: So sagt man in der Schweiz.
weh·tun = Das Verb ist trennbar. → *Mein Kopf tut weh.*

einhundertelf 111

20 Lasst mich doch erwachsen werden!

A TEXT

1 Was weißt du noch? Finde die neun Fehler im Text und korrigiere sie. A2 KB S. 79

In Japan feiert man das Fest „Seijin no Hi", das heißt „Tag der *Erwachsenen* ~~Kinder~~". Die Mädchen und Jungen sollten an diesem Tag einen Kimono tragen. Weil diese traditionelle Kleidung sehr teuer ist, hat jedes Mädchen in Japan einen eigenen Kimono. Das Anziehen und Schminken dauert nicht lange und ist sehr anstrengend. Oft sind die Mädchen schon müde, wenn die Feier beginnt.

Eine spezielle Mutprobe wartet auf die Jungen aus Pentecoste, wenn sie erwachsen werden. Die Väter schneiden im Wald Lianen für ihre Söhne. Dann gehen sie an den Strand. Dort müssen sie auf ein hohes Haus steigen und hinunterspringen. Der Sprung ist sehr gefährlich. Wenn die Liane zu kurz ist, stirbt der Junge vielleicht. Heute kennt man diesen Sport auch in Europa. Er heißt Basejumping.

B WORTSCHATZ UND GRAMMATIK | Sportarten · Ortsadverbien · reflexive Verben

2 Wie heißt die Sportart? B1

Eishockey

3 Ergänze die Wörter und schreib sie dann ins Bild. B1

Wo? d r i nn e n   auß............   b............
u............   in............   vo............
h............ r............   d............ t............   ec............ ks............

Wohin? .... au............   .... un............
h............ ei............   .... us............

4 Ergänze die Dialoge mit dem Gegenteil der roten Wörter. B1

a ○ Müssen wir hier nach **links**?
♦ Nein, der Bahnhof ist ....

b ○ Wir gehen spazieren, kommst du mit?
♦ Nein, ... ist es zu kalt, ich bleibe hier **drinnen**.

c ○ Ich glaube, wir müssen hier ....
♦ Bist du sicher? Wenn das nicht stimmt, müssen wir den Berg wieder **hinauf**.

d ○ Schau Stockbetten, möchtest du lieber **oben** oder .... schlafen?

e ○ Komm schnell, unser Zug wartet schon.
♦ Steigen wir **vorne** oder .... ein?

f ○ Deine Katze will wieder ins Haus **hinein**.
♦ Ja, ich weiß. Vor zwei Minuten wollte sie unbedingt ....

g ○ Entschuldigen Sie bitte, ist das **hier** nicht Altbach?
♦ Nein, Altbach liegt ....

5 Ergänze die Wörter und schreib Sätze aus Sportreportagen. Lies deine Sätze in der Klasse vor. Die anderen raten die Sportart. B1

a „Vo............ läuft/schwimmt/fährt ....
Hi............ kommt .... Wer ist am Ende schneller?"

b Die Spielerin darf wieder hi............ / muss .... naus ....
Die Schiedsrichterin .... / Die Trainerin ....

c Der Ball ... ist .... auß............
Im Spiel steht es .... Das Spiel dauert noch ....

d Hier geht es nach .... un ....
Vo............ ....

e Er liegt u............ t............ . Sein Gegner ....

6 Ergänze zuerst die Tabelle und dann die Sätze a–e.

ich	entspanne	mich
du	entspannst	
er, es, sie, man	entspannt	!
wir	entspannen	
ihr	entspannt	
sie, Sie	entspannen	!

a Christina _____ _____ am Pool.

b ○ Wir _____ _____ am besten vor dem Fernseher.
    ◆ Nein, ihr _____ _____ am besten, wenn ihr jetzt ins Bett geht.

c Caroline und Klaus _____ _____ am Wochenende in ihrem Ferienhaus am Meer.

d ○ Wo _____ Sie _____ am besten, Frau Müller?
    ◆ In der Badewanne.

e ○ Und wie _____ du _____ am besten?
    ◆ Ich _____ _____ am besten _____.

WORTSCHATZ

Einige Verben sind „echte" reflexive Verben. Sie <u>müssen</u> immer ein Reflexivpronomen bekommen. **Zum Beispiel:** *sich konzentrieren*
Viele Verben <u>können</u> reflexiv sein. **Zum Beispiel:** *sich waschen*
Ergänze diese Information bei den Verben in deinem Wortschatzheft.

Zum Beispiel so: (sich) konzentrieren, waschen (auch: sich waschen)

7 Was passt? Ordne zu.

Ⓐ Er wäscht das Auto. ★ Ⓑ Er schminkt sie. ★ Ⓒ Er rasiert ihn. ★
Ⓓ Sie schminkt sich. ★ Ⓔ Er rasiert sich. ★ Ⓕ Er wäscht sich.

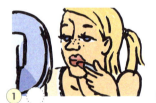

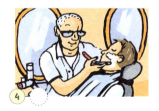

8 Was machen die Personen? Hör zu und kreuze an.

a ○ Yvonne badet ihre Schwester.   ○ Yvonne badet sich.
b ○ Lukas zieht sich an.   ○ Lukas zieht seinen Bruder an.
c ○ Ali hat sich verletzt.   ○ Ali hat einen Freund verletzt.
d ○ Tina muss sich waschen.   ○ Tina muss Wäsche waschen.
e ○ Dennis ärgert sich.   ○ Dennis ärgert den Englischlehrer.

9 Ordne zu und schreib die Imperative mit den richtigen Pronomen.

sich konzentrieren ★ sich vorbereiten ★ sich ausruhen ★ sich verletzen ★ sich anziehen ★ ~~sich freuen~~

a ○ Ich habe eine Zwei im Geschichte-Test.
   ◆ Dann _freu dich_ doch, das ist gut!
b ○ Ich schaffe diese Rechnung nicht!
   ◆ _____ doch, dann schaffst du sie ganz sicher.
c ○ Ich bin noch nie geskatet. Aber ich probiere es jetzt aus.
   ◆ _____ nicht, skaten ist wirklich gefährlich.
d ○ Wir sind so müde.
   ◆ Dann _____ doch ein wenig aus.
e ○ Ich glaube, es ist heute sehr kalt draußen.
   ◆ Ja, _____ warm an. Und nimm deine Jacke mit.
f ○ Nächste Woche haben wir unsere Abschlussprüfung.
   ◆ Dann _____ gut vor, die Prüfung ist schwierig.

C GRAMMATIK | lassen, sollten

10 Ergänze lassen in der richtigen Form. Wer denkt oder spricht?

a Ich _lasse_ Petras Katze nicht in unserem Garten spielen. 1
b Er _____ uns am Sonntag nie lange schlafen.
c Sie _____ mich Prüfungen in der Hundeschule machen.
d Sie _____ mich nicht in ihrem Bett schlafen.
e Er _____ sich nicht baden.
f Sie _____ mich immer vor dem Supermarkt im Auto warten.
g Wir _____ ihn oft im Park frei herumlaufen.

20

11 Ergänze *dürfen* in der richtigen Form.

a Ich _____ am Samstag in den Club gehen.

b Linda _____ Toms T-Shirts tragen.

c Wir _____ im Unterricht nicht essen.

d Leonie und Chiara _____ am Wochenende bei Leonie eine Party geben.

e Ihr _____ auf meinem Computer eine E-Mail schreiben.

f Meine Mutter _____ nächste Woche drei Tage freinehmen.

Weißt du's noch? S. 186
Modalverben

12 Wer erlaubt das? Wer verbietet das? Ordne die Personen den Sätzen in Übung 11 zu. Schreib Sätze mit *lassen*.

~~Meine Eltern~~ ★ Leonies Eltern ★ Unsere Lehrer ★ Die Chefin ★ Ich ★ Tom ★

a *Meine Eltern lassen mich am Samstag in den Club gehen.*

b

c

d

e

f

13 Sag es anders.

a Ich darf nach Mitternacht keine Musik hören. Meine Eltern verbieten das.
   Meine Eltern lassen mich nach Mitternacht keine Musik hören.

b Martina sieht am Freitagabend immer Serien. Ihre Eltern erlauben das.

c Mein Bruder darf meinen Laptop nicht benutzen. Ich erlaube das nicht.

d Meine Schwester fährt manchmal mit meinem Fahrrad. Ich finde das okay.

e Wir dürfen im Unterricht keine Handys benutzen. Unsere Lehrer verbieten das.

f Ich darf manchmal mit unserem Auto fahren. Mein Vater erlaubt das.

14 Schreib Sätze mit *dürfen* oder *lassen*. C1

a Jugendliche unter 18 – den Film sehen

b Meine Eltern – zum Rockkonzert gehen – am Samstag
   Meine Eltern lassen mich am Samstag zum Rockkonzert gehen.

c Wir – Museum – Fotos machen

d Mein Vater – Fußball spielen – im Garten

e Meine Eltern – meine kleine Schwester – in ihrem Bett schlafen – manchmal

f Der Kontrolleur – ohne Fahrschein mit dem Bus fahren – den Jugendlichen

15 Ergänze die Tabelle mit dem Konjunktiv von *sollen* und gib Ratschläge für diese Probleme. C2

zum Arzt gehen ★ keine teuren T-Shirts kaufen ★ früher ins Bett gehen ★ ~~Süßigkeiten essen~~ ★
Biologie lernen ★ ihre Freunde einladen ★ seinen Lehrer fragen

ich	sollte
du	
er, es, sie, man	
wir	
ihr	
sie, Sie	

a Jan hat schlechte Zähne. — Er sollte nicht so viele Süßigkeiten essen.
b Jonas hat nicht viel Geld.
c Jana ist am Morgen immer müde.
d Tim versteht die Hausaufgabe nicht.
e Lena hat starke Halsschmerzen.
f Mario und Kevin haben morgen einen Test.
g Marie will nicht alleine Geburtstag feiern.

16 Was sollte man tun oder nicht mehr tun, wenn man erwachsen ist? Was meinst du? Schreib die Fragen und antworte. Ergänze noch zwei Fragen. C2

a nicht mehr lesen – sollte – man – Welche Bücher ||, wenn man erwachsen ist?
Welche Bücher sollte man nicht mehr lesen, wenn man erwachsen ist?
Man sollte nicht mehr Harry Potter, …

b verdienen – man – sollte – sein erstes Geld – Wann?

c sollte – man – Welche Spiele – nicht mehr spielen ||, wenn man erwachsen ist?

d sollte – eigene Kinder haben – man – Wann – ?

e Wie alt – man – sein – sollte ||, wenn man heiratet?

f bei den Eltern wohnen – sollte – man – Wie lange – ?

g man – sollte – Wann – seinen Führerschein machen – ?

h wählen dürfen – Wann – sollte – man – ?

i

j

AUSSPRACHE | f – v – b – w

17 Du hörst immer *f*. Was schreibst du? Ergänze, hör zu und sprich nach. 🔊 2/11

◯reuen ◯orsichtig ◯erwandte ◯euer ◯erabredet
◯orbild ◯erkäu◯er ◯erkehr ◯erband ◯alsch
tre◯◯en positi◯ ◯reundlich ◯ierzig ◯erbieten

18 Was hörst du? Unterstreiche. 🔊 2/12

Welle – Bälle   Bahn – Wahn   Würste – Bürste   Wand – Band
Bild – wild   wetten – Betten   bald – Wald   Westen – besten

19 Ergänze die Sätze mit Wörtern aus Übung 18. Hör zu und sprich nach. 🔊 2/13

a ○ Wohin wollen wir? ◆ Am ____ st____ fahren wir nach ____ten.
b Wir wollen bitte keine ____ld____ über den ____tt____.
c Wie weit ist es bis zum Babenberger ____ld?
d Wir wetten, die ____el____ sind viel zu ____i____ für die Windsurfer.

D HÖREN: ALLTAGSSPRACHE

20 Was weißt du noch? Ordne zu. D2 KB S. 83

Mia und Lilli …	von der Sieben-Meter-Plattform.
Auf dem 10-Meter-Turm …	Lilli Mias Computerspiel ausleihen.
Lilli glaubt nicht, …	sind im Schwimmbad.
Mia …	dass Ben springt.
Wenn Ben springt, darf …	wettet mit Lilli.
Wenn Ben nicht springt, …	steht Ben.
Ben springt …	bekommt Mia Lillis neuen Rucksack für eine Woche.

21 Hör noch einmal die Ausschnitte aus dem Dialog im Kursbuch und ordne zu. D2 🔊 2/14

Tatsächlich?	vielleicht
nie …	so ein Angsthase
Du …	schlecht
der ist doch sonst …	im Leben
Ich wusste …	---
Gar nicht …	es

22 Ergänze mit den Dialogteilen aus Übung 21. D2

○ Möchtest du einmal mit einem Schlauchboot einen Wildbach hinunterfahren?
◆ Rafting meinst du? Nein, **a** _____!
○ Ben hat das gemacht.
◆ Aber **b** _____.
○ Lukas wollte die Raftingtour machen und hat Ben gesagt, er soll mitmachen.
◆ **c** _____. Ben macht alles, was Lukas sagt. Und wie hat es ihm gefallen?
○ **d** _____.
◆ **e** _Tatsächlich?_ Rafting! Ich brauche das wirklich nicht. **f** _____?
○ Ich weiß nicht, vielleicht ist es ganz lustig.

E GRAMMATIK | *jemand, niemand* · Indefinitpronomen

23 Ergänze zuerst die Tabelle und dann die Fragewörter im Dialog (a–f).

Nominativ	Akkusativ	Dativ
	Wen?	
jemand		
		niemandem

- ○ Haben Sie mit __wem?__ **a** jemandem gesprochen?
- ◆ Nein, _____ **d** niemand(en).
- ◆ Nein, mit _____ **b** niemandem.
- ○ War da überhaupt _____ **e** jemand?
- ○ Haben Sie _____ **c** jemand(en) gehört?
- ◆ Nein, da war _____ **f** niemand.

24 Ergänze *jemand* oder *niemand* in der richtigen Form.

a ○ Wo ist der Bahnhof? ◆ Das weiß ich nicht. Fragen wir doch ^wen?^ __jemand(en)__.

b Ich möchte gern mit ^wem?^ _____ Tischtennis spielen. Hat ^wer?^ _____ Lust?

c Bringst du ^wen?^ _____ mit, oder kommst du alleine?

d Mein Buch ist weg. ^Wer?^ _____ hat mein Buch genommen.

e Der Test ist heute? Oh Schreck, warum hat mir das ^wer?^ _____ gesagt?

f ○ Wie war der Film? ◆ Langweilig, er hat ^wem?^ _____ gefallen.

g ○ Wer ist das? ◆ Keine Ahnung, ich glaube, den kennt ^wer?^ _____ hier.

25 Graffiti im Kaufhaus. Ergänze noch einmal *jemand* oder *niemand* in der richtigen Form.

- ○ Was haben Sie gestern um 23:00 Uhr gesehen?
- ◆ Da war _____ im Kaufhaus.
- ○ Aber der Mann vom Sicherheitsdienst sagt, da war _____.
- ◆ Ich habe aber sicher _____ gesehen. Es war Licht im Kaufhaus.
- ○ Waren Sie alleine vor dem Kaufhaus oder waren Sie mit _____ zusammen?
- ◆ Ich war mit _____ zusammen, ich war alleine.
- ○ Wie viele Personen haben Sie gesehen?
- ◆ Zwei oder drei.
- ○ Können Sie _____ beschreiben?
- ◆ Nein, ich kann _____ beschreiben, es war zu dunkel.
- ○ Das ist schade. _____ kann die Graffiti-Zeichner beschreiben.
- ◆ Aber _____ hat diese Graffiti gemacht, und ich habe auch _____ gesehen.
- ○ Aber Sie können ja auch _____ beschreiben.
- ◆ Das stimmt.
- ○ Na sehen Sie: Das hilft uns auch nicht weiter.

26 Ergänze die Indefinitpronomen.

	Nominativ	Akkusativ
Singular	○ Schau, da ist ein Fallschirmspringer.	○ Siehst du die Fallschirmspringer?
	◆ Und da ist noch _einer_ .	◆ Ja, _einen_ sehe ich.
	○ Schau, da ist ein Schiff.	○ Siehst du das Schiff?
	◆ Und da ist noch _____ .	◆ Ja, _____ sehe ich.
	○ Schau, da ist eine Taucherin.	○ Siehst du die Taucherin?
	◆ Und da ist noch _____ .	◆ Ja, _____ sehe ich.
Plural	○ Schau, da sind Rafter auf dem Fluss.	○ Siehst du die Rafter?
	◆ Und da sind noch _____ .	◆ Ja, ich sehe _____ .

27 Was passt? Ergänze die richtigen Nomen und Indefinitpronomen.

Eier ★ ~~einen Kugelschreiber~~ ★ einen Koffer ★ eine Taschenlampe ★ ein E-Moped ★ einen Orangensaft

a ○ Ich muss ihre Adresse aufschreiben. Ich brauche _einen Kugelschreiber_ .

◆ Schau, dort drüben liegt _einer_ .

b ○ Ich möchte Kaiserschmarrn kochen. Haben wir _____ ?

◆ Ja, im Kühlschrank sind _____ .

c ○ Hast du schon einmal _____ gesehen?

◆ Ja klar. Schau, da drüben steht _____ .

d ○ Hier ist es so dunkel. Hat jemand _____ ?

◆ Ich glaube, auf dem Regal links liegt _____ .

e ○ Ich bin durstig. Könnte ich _____ trinken?

◆ Ja, natürlich, im Kühlschrank ist *(Nom.)* _____ .

f ○ Ich fahre morgen nach Italien. Ich brauche _____ .

◆ Ich habe *(Akk.)* _____ , den kannst du haben.

28 Freunde helfen gern … Ergänze die Pronomen.

○ Anna, kann ich die Jacke ausleihen?

◆ Warum denn? _Deine_ liegt doch da drüben.

○ Könnte ich vielleicht den Rucksack ausleihen, Fabian?

■ Warum denn? Da drüben hängt doch _____ .

○ Kann ich mal das Mathematikbuch haben, Max?

▼ Warum denn? Da liegt ja _____ .

○ Lina, kann ich deine Tennisschuhe ausleihen?

◆ Warum denn? _____ sind doch noch o.k.

○ Kann ich kurz deinen Bleistift haben, Yannik?

● Warum denn? _____ liegt doch da drüben.

○ Könntest du mir deine Decke leihen, Sofia?

□ _____ liegt doch auf deinem Bett. Nimm doch deine Sachen, Inga!

○ Ich habe gedacht, Freunde helfen gern …

FERTIGKEITENTRAINING

29 LESEN Lies den Text und beantworte die beiden Fragen.

Mit 15 geht's los ...
Mit 15 Jahren darfst du in Deutschland und Österreich mit einem Mofa (Motorfahrrad) oder einem E-Mofa (Elektromotorfahrrad) fahren. Dafür brauchst du aber eine Prüfung. Bei der Mofa-Prüfung musst du 20 Multiple-Choice-Fragen beantworten. Im Internet kannst du dich auf diese Fragen vorbereiten. Ein Mofa fährt maximal 25 km/h schnell. Wenn du schneller fahren willst, brauchst du ein Moped oder ein E-Moped. Dann bist du mit maximal 45 km/h unterwegs. Für das Moped brauchst du einen Führerschein. Die Führerschein-Prüfung ist natürlich schwieriger als die Mofa-Prüfung.

Wie schnell fährt ein ...
a Mofa oder E-Mofa?
b Moped oder E-Moped?

Was brauchst du, wenn du ...
c mit einem Mofa oder E-Mofa fahren willst?
d mit einem Moped oder E-Moped fahren willst?

30 LESEN Bist du bereit? Dann lös die Aufgaben. Achtung! Manchmal sind mehrere Antworten richtig.

1 Was bedeutet dieses Verkehrszeichen für dich?
   a Ich muss geradeaus weiterfahren.
   b Der Gegenverkehr muss warten.
   c Ich muss warten und darf nicht weiterfahren.
   d Ich darf weiterfahren.

2 Du kommst zu einem Zebrastreifen.
   a Wenn die Person mich sieht, darf ich weiterfahren.
   b Ich muss vor dem Zebrastreifen stehen bleiben.
   c Ich gebe der Person ein Zeichen und fahre dann schnell über den Zebrastreifen.
   d Wenn ich weniger als 5 Meter vom Zebrastreifen entfernt bin, darf ich schnell über den Zebrastreifen fahren.

3 Was bedeutet dieses Verkehrszeichen für dich?
   a Hier darf ich mit meinem Mofa nicht fahren.
   b Hier darf ich nur in eine Richtung fahren.
   c Hier dürfen keine Fußgänger gehen.
   d Hier dürfen keine Fahrzeuge fahren.

4 Du kommst zu einer Straße ohne Verkehrszeichen und möchtest geradeaus weiterfahren.
   Von rechts kommt ein Auto. Es möchte auch geradeaus weiterfahren. Was bedeutet das für dich?
   a Ich muss stehen bleiben.
   b Das Auto muss stehen bleiben.
   c Ich darf nach rechts fahren, aber nicht geradeaus.
   d Das Auto darf weiterfahren.

5 Was bedeuten diese Zeichen für dich?

- a Ich darf nach links oder nach rechts fahren.
- b Ich muss warten. Wenn kein Auto kommt, darf ich nach rechts in den Kreisverkehr hineinfahren.
- c Die Autos im Kreisverkehr müssen warten.
- d Ich kann auf dieser Straße nicht weiterfahren und muss zurückfahren.

31 HÖREN Du hörst ein Interview. Du hörst den Text zweimal. Kreuze Ja oder Nein an.

Beispiel: Ja   Nein

Anna geht es gut.   ○   ✗

- a Anna muss eine Prüfung machen.
- b Mathias findet die Prüfung schwierig.
- c Die Prüfung ist in zwei Wochen.
- d Anna hat noch nicht mit dem Lernen angefangen.
- e Anna findet die Prüfungsfragen interessant.
- f Mathias sagt, dass Anna die Prüfung nicht schafft.

32 SCHREIBEN Lies die Tipps und Lenas Text im Forum. Schreib eine Antwort.

TIPPS – RICHTIG LERNEN

Das solltest du tun:
- Zwei bis drei Wochen vor der Prüfung einen Lernplan machen.
- Dich in dieser Zeit auch entspannen und Spaß haben.
- Alles sehr oft wiederholen.
- Regelmäßig Pausen machen, vielleicht immer nach 45 Minuten.
- Dich in den Lernpausen bewegen, das macht dich munter.
- Deine Aktivitäten in der Woche gut planen. Zeit für das Lesen und Lernen planen.

Das solltest du nicht tun:
- In der Nacht vor der Prüfung viele Stunden lernen. Das macht dich nur müde.
- Lange ohne Pause lernen. Du vergisst die neuen Informationen dann viel zu schnell.
- Prüfungsangst haben. Wenn du zu nervös bist, kannst du nicht so gut lernen.

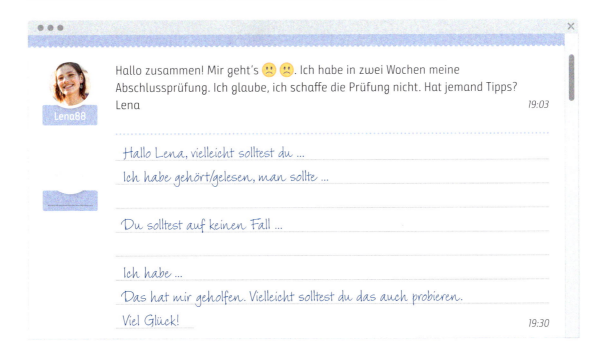

Lena88: Hallo zusammen! Mir geht's 😟 😞. Ich habe in zwei Wochen meine Abschlussprüfung. Ich glaube, ich schaffe die Prüfung nicht. Hat jemand Tipps? Lena   *19:03*

Hallo Lena, vielleicht solltest du …

Ich habe gehört/gelesen, man sollte …

Du solltest auf keinen Fall …

Ich habe …

Das hat mir geholfen. Vielleicht solltest du das auch probieren.

Viel Glück!   *19:30*

LERNWORTSCHATZ

A1a erwachsen

○ Wann ist man erwachsen?
◆ Ich finde, man ist mit 18 Jahren erwachsen.

A1b (sich) rasieren
(sich) schminken

A1d wählen
• Wahl, die, -en

In Österreich darf man wählen, wenn man 16 Jahre alt ist.

A2a anstrengend

Der Sportunterricht war sehr anstrengend. Wir sind viel gelaufen.

springen
• Sprung, der, ¨e

Der Junge springt vom Zehn-Meter-Turm.

• Turm, der, ¨e

In Paris steht ein berühmter Turm, der Eiffelturm.

A2b (aus·)leihen

Ich habe meine Stifte vergessen. Kann ich mir einen Kugelschreiber von dir ausleihen?

• Vorbereitung, die, -en

Die Vorbereitungen für das Fest dauern lange.

(sich) fühlen

Ich fühle mich gar nicht gut, ich glaube, ich bekomme eine Erkältung.

steigen

Wenn man auf den Turm steigt, kann man die ganze Stadt sehen.

A2d normalerweise

Normalerweise fahre ich mit dem Fahrrad zur Schule. Aber heute nehme ich den Bus.

B1a flach

≠ tief

klettern

Die Kinder klettern in einer Kletterwand.

B1c *Lokaladverbien*

draußen ≠ drinnen

hinauf ≠ hinunter

hinein ≠ hinaus

unten ≠ oben

hinten ≠ vorne

B1d nötig

○ Brauchst du Hilfe?
◆ Nein danke. Das ist nicht nötig.

begeistert

Die Mannschaft gewinnt. Die Fans sind begeistert.

• Halle, die, -n
• Publikum, das *(Sg.)*

= die Zuschauerinnen und Zuschauer

LERNWORTSCHATZ 20

Reflexive Verben | B2a + 3a

| sich entspannen | (sich) ärgern | (sich) bewegen | sich streiten | (sich) verletzen |
| ≠ sich konzentrieren | ≠ sich freuen | ≠ sich aus·ruhen | ≠ sich entschuldigen | |

C1b lassen — Ich möchte unbedingt zum Musikfestival gehen. Aber meine Eltern lassen mich nicht fahren!
• Festival, das, -s

D1c • Alkohol, der *(Sg.)* — In einem Bier ist Alkohol drinnen.

D1a + D1b wetten — ○ Ich wette mit dir, dass ich schneller laufen kann als du. ◆ Gut, die Wette gewinne ich sicher!
• Wette, die, -n

leihen ≠ aus·leihen

D2b • Leiter, die, -n

D2d tatsächlich — = wirklich

E1a tödlich — Es gab einen tödlichen Unfall. Jemand ist gestorben.

wechseln — Mein T-Shirt ist schmutzig. Ich muss es wechseln.

E1b • Dach, das, ¨-er

beißen — Der Nachbarhund ist gefährlich. Er beißt.

• Führerschein, der, -e — ○ Kannst du Auto fahren? ◆ Nein, ich habe keinen Führerschein.

E2b • Block, der, ¨-e
• Decke, die, -n

⊕ 1b dorthin — ○ Treffen wir uns bei mir? ◆ Ja, aber wie komme ich dorthin?

hierher — Ich bin mit meiner Familie in Italien. Ich komme immer gern hierher.

mit·nehmen — Wir nehmen unseren Hund in den Urlaub mit.

⊕ 2a • Schloss, das, ¨-er — = ein Haus für Könige

---

19 + 20 | MODUL-PLUS

LL 1a • Polizist, der, -en — Ein Polizist oder eine Polizistin arbeiten bei der Polizei.
• Polizistin, die, -nen

(sich) kümmern — Manchmal kümmere ich mich um meine kleine Schwester. Ich koche für sie und bringe sie ins Bett.

• Rose, die, -n
• Schild, das, -er — Max-Planck-Straße

verlassen — Viele Menschen mussten ihr Heimatland verlassen, weil es Krieg gab.

P1a rückwärts — Er geht nicht nach vorne, sondern rückwärts.

• Loch, das, ¨-er

einhundertfünfundzwanzig 125

TEST 19+20

1 GRAMMATIK Ergänze die unterstrichenen Verben im Präsens.

a Als Kind <u>sah</u> Lisa gern Zeichentrickfilme, heute _sieht_ sie gern Krimiserien.
b Früher <u>fand</u> Marko Pop gut, seit einem Monat spielt er in einer Band und _____ Rock super.
c Beim letzten Marathon <u>liefen</u> Leandro und Noah ziemlich schnell, beim heutigen Rennen _____ sie viel langsamer.
d Heute _____ Mara nicht mehr so gern in die Schule, früher <u>ging</u> sie gern.
e Als Kind <u>kaufte</u> Kian wirkliche Bücher, heute _____ er Dateien für seinen E-Book-Reader.

von 4

2 GRAMMATIK Ergänze die Sätze.

<s>Zeit für ihre Kinder haben</s> ★ große Angst haben ★ von zu Hause ausziehen wollen ★
einen schweren Unfall haben ★ noch viele Fans haben

a Idas Großmutter musste viel arbeiten, trotzdem _hatte sie Zeit für ihre Kinder_.
b Obwohl Moritz _____, trainiert er schon wieder für das nächste Rennen.
c Die Schauspielerin hat schon lange keinen Film mehr gedreht, trotzdem _____.
d Obwohl Lena _____, sprang sie vom 10-Meter-Turm.
e Alina ist mit der Schule noch nicht fertig. Trotzdem _____.

von 4

3 GRAMMATIK Ergänze *obwohl, trotzdem, weil, wenn* oder *deshalb*.

a _Wenn_ man 18 Jahre alt ist, darf man in Deutschland wählen.
b Sie möchten wandern gehen, _____ das Wetter sehr schlecht ist.
c Sie konnte beim Fußballturnier nicht mitspielen, _____ sie krank war.
d Mein Vater muss jeden Tag zehn Stunden arbeiten, _____ liebt er seinen Beruf.
e Ist man erwachsen, _____ man Auto fahren darf?
f Pias Freund hatte beim Freiklettern einen Unfall. _____ mag sie keine Extremsportarten.

von 5

4 GRAMMATIK Ergänze die richtigen Verben und Reflexivpronomen.

<s>sich entspannen</s> ★ sich ärgern ★ sich verletzen ★
sich streiten ★ sich fühlen ★ sich ausruhen

a Vor dem Rennen ist Mark nervös, er kann _sich_ nicht _entspannen_.
b Wer ist der interessanteste Schauspieler? Malia und Nele _____ gern über dieses Thema.
c Wir machen kein Rafting. Wir haben Angst, dass wir _____.
d Wenn Ava sich schminkt, _____ sie _____ ein bisschen erwachsener.
e Die Mutprobe war dumm, ich _____ noch heute darüber.
f Wir müssen noch eine halbe Stunde trainieren, dann könnt ihr _____.

von 5

19+20 TEST

PUNKTE

5 GRAMMATIK Ergänze die Pronomen.

a ○ Hast du meinen Kugelschreiber gesehen? ◆ Auf dem Tisch liegt _einer_, ist das _deiner_?
b ○ Hast du Toms Deutschbuch gesehen? ◆ Auf dem Tisch liegt _____, ist das _____?
c ○ Habt ihr Inas Ohrringe gefunden? ◆ Auf dem Bett liegen _____, sind das _____?
d ○ Wo ist meine Sporttasche? ◆ Unter dem Stuhl steht _____, ist das _____?
e ○ Habt ihr unsere Trinkflaschen gesehen? ◆ Dort drüben stehen _____. Sind das _____?

G / von 8

6 WORTSCHATZ Ergänze die Sätze.

chenbroge ★ terPflas ★ iGps ★ berFie ★ fallUn ★ testblu ★ beSal

Wenn das Bein **a** _gebrochen_ ist, bekommt man meistens einen **b** _____. Bei einer Brandwunde hilft oft eine **c** _____. Nach einem **d** _____ muss jemand einen Krankenwagen rufen. Wenn du stark **e** _____, brauchst du einen Verband. Wenn du hohes **f** _____ hast, solltest du im Bett bleiben. Bei kleinen Verletzungen kann ein **g** _____ helfen.

W / von 6

7 WORTSCHATZ Ergänze das Gegenteil von den unterstrichenen Wörtern.

a _Draußen_ ist es kalt, _drinnen_ ist es gemütlich warm.
b Müssen wir hier nach _____ oder nach _rechts_?
c Schau, hier gibt es Stockbetten. Möchtest du _oben_ oder _____ schlafen?
d Wo ist hier im Zug der Speisewagen, _____ oder _hinten_?
e Muss die Katze _____? Ja, und der Hund will _hinein_.
f Gibt es _____ eine Post? Nein aber _dort_ drüben, hinter der Schule.

/ von 5

8 ALLTAGSSPRACHE Ergänze.

das heißt ★ tatsächlich ★ nie im Leben ★ du vielleicht ★ stell dir vor

a ○ Möchtest du einmal Bungee-Jumping machen? ◆ Nein, _____.
b ○ _____, ich habe Christoph Waltz gesehen. ◆ Wer ist Christoph Waltz? ○ Ein Schauspieler.
c ○ Ben hat die Mofaprüfung geschafft. ◆ _____? Das habe ich nicht gedacht.
d ○ Meine Schwester hat eine eigene Wohnung. _____, ich habe jetzt unser Zimmer für mich allein.
e ○ Ich mag Horrorfilme. ◆ _____, ich nicht.

A / von 5

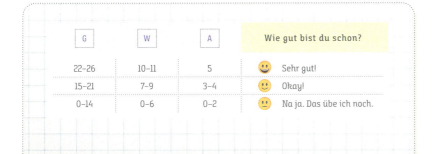

G	W	A	Wie gut bist du schon?
22–26	10–11	5	😃 Sehr gut!
15–21	7–9	3–4	🙂 Okay!
0–14	0–6	0–2	😐 Na ja. Das übe ich noch.

einhundertsiebenundzwanzig 127

21 Ein toller Film, eine tolle Serie!

A TEXT

1 Was weißt du noch?
Kreuze die richtigen Antworten an.

a Markus ...
- ○ hatte ein Puppentheater.
- ○ ist Synchronsprecher.
- ○ hat Theater gespielt.

b Markus muss seine Texte oft ... sprechen.
- ○ ohne Vorbereitung
- ○ ohne Regisseur
- ○ ohne Stimme

c Am schwierigsten sind für Markus ...
- ○ lange Arbeitstage im Studio.
- ○ japanische Zeichentrickfilme.
- ○ unfreundliche Regisseure.

d Markus spricht am liebsten die Stimmen von Zeichentrickfiguren, ...
- ○ weil man da schreien muss.
- ○ weil man kreativ sein kann.
- ○ weil man für Zeichentrickfilme mehr Geld bekommt.

e Markus möchte die Stimme ... sein.
- ○ von einem berühmten Schauspieler
- ○ von einem berühmten Regisseur
- ○ von einer berühmten Comicfigur

B WORTSCHATZ | Filme

2 Über welche Filme sprechen die Personen? Finde die Filmgenres und ergänze.

> Der Sheriff hatte keine Chance.
> Er war allein gegen die Carson-Brüder.

a W_____rn

> Wir haben so gelacht, uns sind die Tränen gekommen, es war wirklich komisch.

b ___o_____ die

> Vicky hat den Film ja so toll gefunden, das Liebespaar und die Szene auf dem Schiff. Na ja ...

c ___ie____f_____

128 einhundertachtundzwanzig

Die Kleider von damals waren total unpraktisch. Und die Frauen mussten mit diesen Röcken reiten, furchtbar!

d .... ü ..... f ..... lm

Dann war Dracula an Mirellas Fenster. Sie hat schon auf ihn gewartet ...

e ..... orr ....

Schließlich haben die Außerirdischen aufgegeben und sind mit ihrem Raumschiff weggeflogen.

f ..... cien .... – F .... t ....

Die Stunts waren echt toll, vor allem das Autorennen auf der Autobahn: wirklich super!

g .... – .... lm

Auch den Nachbarn hat man tot in seinem Haus gefunden. Für die Polizei war das alles ein Rätsel.

h .... ll ....

3 Ergänze Sarahs Nachricht an ihre Freundin Mona. B2

Handlung ★ Es geht um ★ Stuntaufnahmen ★ Filmmusik ★ spielt ★ Hauptrolle ★ Szene

Hallo Mona, ich war gestern mit Mark im Kino. Er wollte zuerst einen Action-Film sehen, aber es wurde dann doch „Nie wieder Berlin". Mark hat der Film nicht so gut gefallen, er mag keine Musikfilme, aber ich habe ihn toll gefunden. Der Film .... in Hamburg und die .... hat Klaus Buchauer. Er ist prima. Die .... ist ein bisschen kompliziert. .... eine Popgruppe. Die Sängerin hat Probleme mit einem Fan. Sie bekommt verrückte Nachrichten und Mails von ihm, und dann passieren auch einige seltsame Unfälle. Die .... hat mir wirklich sehr gut gefallen. Mark wollte mit mir gleich morgen wieder ins Kino gehen, aber das wollte ich nicht. So lange kenne ich ihn doch noch nicht. ;-)
Die .... am Ende haben auch Mark gefallen. Die letzte .... war wirklich verrückt. Ich kann Dir nicht alles erzählen, Du musst den Film selbst sehen. Er läuft noch bis Freitag im City-Kino.
Bis bald
Sarah

4 Wie war der Film? Lies Pauls Kommentar.
Tausche die Sätze 1–6 gegen die Sätze a–f aus und schreib Helenas positive Kritik. B2

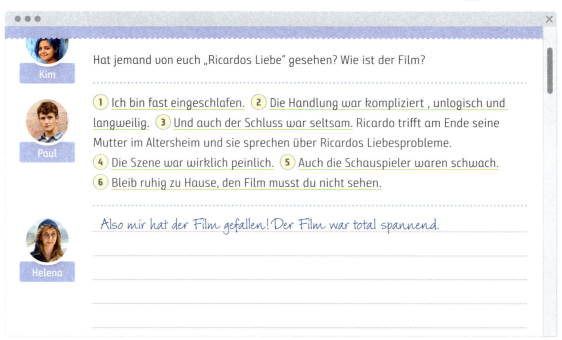

Kim: Hat jemand von euch „Ricardos Liebe" gesehen? Wie ist der Film?

Paul: (1) Ich bin fast eingeschlafen. (2) Die Handlung war kompliziert, unlogisch und langweilig. (3) Und auch der Schluss war seltsam. Ricardo trifft am Ende seine Mutter im Altersheim und sie sprechen über Ricardos Liebesprobleme. (4) Die Szene war wirklich peinlich. (5) Auch die Schauspieler waren schwach. (6) Bleib ruhig zu Hause, den Film musst du nicht sehen.

Helena: Also mir hat der Film gefallen! Der Film war total spannend.

a Die Handlung war wirklich originell.
b Die Szene war vielleicht ein bisschen sentimental, aber so romantisch.
c Auch der Schluss hat mir sehr gut gefallen.
d Den Film musst du unbedingt sehen.
e Die Schauspieler waren prima.
f ~~Der Film war total spannend.~~

C GRAMMATIK | Adjektivdeklination

5 Lies die Aussagen zur Umfrage und unterstreiche die richtigen Formen. Wer streamt lieber (A)?
Wer geht lieber ins Kino (B)? Wer mag beides (C)? Ergänze die Buchstaben. C1

Kino oder Streaming?

a Ich liebe die `alt | alten` Kinos, dort kann ich mich richtig gut entspannen. Nick ◯
Jeden Donnerstag gibt es einen `neuen | neue` Film.

b Kinokarten sind einfach zu `teuer | teure`. Filme streamen ist viel `billiger | billigere`. Kaya ◯
Die Streaming-Plattformen haben ganz `gute | gut` Filme und Serien. Ein Wochenende mit
`tollen | toll` Serien und `gut | guten` Freunden. Was kann schöner sein?

c Der `kleine | klein` Fernsehapparat zu Hause ist mir zu `wenig | wenige`. Für einen Jonas ◯
`gut | guten` Kinofilm brauche ich auch ein `groß | großes` Kino.

d Eine `gemütlich | gemütliche` Streaming-Party am Wochenende ist einfach `cool | coole`. Lisa ◯
Auf meinem `neuen | neu` Laptop finde ich immer `spannend | spannende` Serien oder Filme.

e Das `groß | große` Kino im `neuen | neu` Einkaufszentrum ist wirklich Marie ◯
`fantastisch | fantastische`, und im Kinocafé haben sie `wunderbar | wunderbare`
Milchmixgetränke.

f Streaming oder Kino ist mir egal. Ein `gut | guter` Film muss es sein. Ich mag keine Felix ◯
`laut | lauten` Action-Filme, auch nicht im Kino.

6 Unterstreiche die Singularformen (Adjektiv + Nomen) in Übung **5**. Schreib die passenden Beispiele aus dem Text in die Tabelle und ergänze die richtigen Endungen. C1

Adjektivendungen Singular			Beispiel
Hauptregel:	rot**en**	+ Nomen	einen neuen Film
Singularregel 1: nach • der, das, die, eine	rot_____	+ Nomen	
Singularregel 2: nach • ein	rot_____	+ Nomen	
nach • ein	rot_____	+ Nomen	

7 Beim Streaming mit Freunden (S) oder im Kino (K). Was sagt man wo? Ergänze die richtigen Endungen und den Ort. C1

a Eine billig_____ Karte ganz vorne, bitte.
b Welche Plattform streamt den neu_____ James-Bond-Film?
c Wer möchte noch eine Folge von „Die lang_____ Reise zu dir" sehen?
d Platz 12, Reihe neun. Ich glaube, das ist ein gut_____ Platz.
e Eine groß_____ Tüte Popcorn, bitte.
f Wir haben leider Probleme mit dem neu_____ WLAN.
g Wann beginnt „Ein weit_____ Weg nach Afrika"?
h Können wir am nächst_____ Wochenende wiederkommen?

8 In welchem Filmberuf gibt es welche Probleme? Ordne zu, ergänze die Adjektivendungen und schreib Sätze. C1

a *Der Kameramann hat ein Problem mit einer sehr schweren Kamera.*
b *Der Regisseur hat ein Problem mit einem*
c *Die Drehbuchautorin hat ein Problem*
d
e *Die Stuntwoman*
f
g
h

Kameramann — eine sehr schwer**e** Kamera
Regisseur — ein kompliziert_____ Schauspieler
Drehbuchautorin — eine seltsam_____ Geschichte
Maskenbildner — ein zu laut_____ Musikstück
Stuntwoman — eine sehr hoh_____ Männerstimme
Sounddesigner — ein hässlich_____ Gesicht
Beleuchterin — ein gefährlich_____ Sprung
Synchronsprecher — eine zu dunkl_____ Szene

9 Ein Filmprojekt. Ergänze die Tabelle und den Text. Wer spielt welche Rolle? Ergänze.

Rolle	Kleidung	Schauspieler, Schauspielerin
Rick, ein alter Tischler	eine braune Hose, ein alt......... Mantel, ein blau......... Pullover	Felix
Mirella, eine attraktiv......... jung......... Frau	ein weiß......... Kleid	
Sebastian, ein jung......... Punk	eine alt......... Hose, ein kaputt......... T-Shirt	
Dr. Bachmann, ein reich......... Bankkaufmann	eine elegant......... Jacke, eine dunkl......... Hose	
Ines Bachmann, Dr. Bachmanns Ehefrau, sie ist sehr krank	eine grün......... Bluse, ein dunkelgrün......... Rock	

a Maskenbildnerin: Felix, du spielst einen alt......... Mann. Das cool......... T-Shirt passt da sicher nicht, du brauchst die braune Hose, den blau......... und den .... hier, das passt besser.

b Du brauchst eine cool......... Punkfrisur, Tom, und dann brauchst du eine .... und ein .... Hast du so etwas?

c Du spielst eine elegant......... Frau, Sophie. Vielleicht passen die grün......... .... hier und der .... Ines ist eine sehr krank......... Frau. Ich denke, wir müssen dich noch schminken.

d Lukas, du spielst einen reich......... Mann. Da brauchst du dann auch noch eine .... Jacke. Die kaputten Jeans passen natürlich nicht, nimm die .... hier.

e Willst du in dem dunkl......... Rock und der hell......... Bluse spielen, Larissa? Ich habe da ein ganz einfach........., weiß......... . Ich denke, das passt besser.

10 Unterstreiche nun die Pluralformen (Adjektiv + Nomen) in Übung **5**. Schreib Beispiele in die Tabelle und ergänze die richtigen Endungen.

Adjektivendungen Plural			Beispiel
Hauptregel:	rot.........	+ Nomen	die alten Kinos
Pluralregel 1: ohne Artikelwort im Nominativ und Akkusativ	rot.........	+ Nomen	

11 Seltsame Filmschauplätze. Was passt nicht? Schreib Sätze wie im Beispiel.

a Stadt: Autos *(viel)*, Geschäfte *(klein)*, Kaufhäuser *(groß)*, Parks *(ruhig)*, Kühe *(braun)*
   In einer Stadt gibt es viele Autos, kleine Geschäfte, ...
   aber normalerweise gibt es dort keine braunen Kühe.

b Strand: Boote *(klein)*, Bahnhöfe *(laut)*, Muscheln *(schön)*, Ferienhäuser *(gemütlich)*
   An einem Strand gibt es

c Bauernhof: Katzen *(klein)*, Schweine *(dick)*, Flugzeuge *(modern)*, Pferde *(schnell)*, Felder *(groß)*
   Auf einem Bauernhof gibt es

d Wald: Bäume *(hoch)*, Tiere *(verschieden)*, Clubs *(laut)*, Pflanzen *(interessant)*, Jäger *(vorsichtig)*
   In einem Wald gibt es

e Bahnhof: Touristen *(zufrieden)*, Flüsse *(breit)*, Züge *(schnell)*, Fahrkartenautomaten *(praktisch)*, Koffer *(schwer)*

12 Lies die Anzeige für die Streaming-Plattform und ergänze die Adjektivendungen.

Filmticket – deine Streaming-Plattform!

Wir sind die beliebtest_____ Streaming-Plattform für Streaming-Einsteiger.

Suchst du eine romantisch_____ Liebeskomödie, einen spannend_____ Thriller oder eine aufregend_____ Horrorserie? Bei uns findest du alles schneller und leichter als auf ander_____ Plattformen. Und das auch noch zum günstigst_____ Preis im Netz. Filme und Serien von den best_____ Regisseuren, mit den best_____ Schauspielern und mit den spannendst_____ Geschichten warten auf dich.

Natürlich kannst du dein Abo mit der ganz_____ Familie teilen und auch deine best_____ Freunde einladen. Die erst_____ drei Monate sind gratis. Danach zahlst du den günstig_____ Einsteigerpreis.

Probiere Filmticket aus und freu dich auf wunderbar_____ Stunden mit deinen Liebingsfilmen und -serien!

einhundertdreiunddreißig 133

AUSSPRACHE | Wortakzent

13 Ergänze die Endungen. Welcher Filmtitel passt zu welchem Film?

A Gefahr aus dem Weltraum   **B** Ein tödlicher Fehler

Ein blutig_____ Messer

Eine tot_____ jung_____ Frau

Rätselhaft_____ Telefonanrufe

Ein verrückt_____ Psychiater

Ein alt_____ müd_____ Polizist

Eine dunkl_____ eng_____ Gasse in einer groß_____ Stadt

Eine modern_____ Raumstation

Ein alt_____ kaputt_____ Raumschiff

Gefährlich_____ Experimente

Rot_____ und gelb_____ Monde

Feindlich_____ Außerirdische mit klein_____ schnell_____ Ufos

Ein mutig_____ jung_____ Offizier aus einer klein_____ Stadt

14 Lies die Filmtitel in Übung **13** laut. Hör dann zu und sprich nach. Achte auf die Betonung und den Rhythmus. 🔊 2/16

> **AUSSPRACHE**
>
> Es ist sehr wichtig, dass du deutsche Wörter richtig betonst. Es kann sein, dass dich deine Gesprächspartner sonst nicht verstehen. Wenn du lange und schwierige deutsche Wörter in dein Wortschatzheft schreibst, markiere deshalb den Wortakzent. Du kannst die betonte Silbe unterstreichen oder mit einem Zeichen markieren.
>
> **Zum Beispiel:** Poli<u>zist</u>, Poli'zist, Polizist

134   einhundertvierunddreißig

21

D HÖREN: ALLTAGSSPRACHE

15 Was weißt du noch? Richtig oder falsch? Korrigiere die falschen Sätze. D1 KB S. 95

	richtig	falsch
a Elias ~~möchte auf dem Schulball tanzen.~~ *weiß noch nicht, ob er zum Schulball kommt.*	○	✗
b Marie findet Elias' Videos gut.	○	○
c Elias soll einen Horrorfilm drehen.	○	○
d Marie soll im Film die Mathematiklehrerin spielen.	○	○
e Die Schlussszene soll in der Sporthalle stattfinden.	○	○
f Elias will den Film drehen.	○	○

16 Ordne zu und ergänze den Dialog. D1

David: Hallo Nick. Weißt du schon, dass du in unserer Band mitspielen sollst?
Nick: **a** _____
Mit mir hat niemand gesprochen.
David: Aber wir brauchen noch einen Gitarristen.
Nick: **b** *Warum ich?*
David: Du bist der beste.
c _____
Nick: Ach, ich weiß nicht.
David: **d** _____
Du könntest auch singen, wenn du das lieber möchtest.

```
Warum …              bei der Gitarre.
Ich sage dir …       sagen alle.
Bleiben wir lieber … von nichts.
Das …                ich?
Ich weiß …           nicht so bitten.
Lass dich …          morgen Bescheid.
```

Nick: **e** _____
David: Und? Machst du mit?
Nick: Ich weiß nicht.
f _____

E GRAMMATIK | Konjunktiv II (Wünsche)

17 Ergänze die richtigen Formen. E1

Konjunktiv II (Wünsche)						
	sein		haben		spielen …	
ich, er, es, sie, man	*wäre*	gern		gern	*würde*	gern spielen
du		gern		gern		gern spielen
wir, sie, Sie		gern		gern		gern spielen
ihr		gern		gern		gern spielen

18 Max hat viele Wünsche. Lies die Sätze und unterstreiche die richtigen Formen.

a Max wäre | <u>würde</u> | hätte lieber allein und nicht mit seinem Bruder in einem Zimmer wohnen.

b Max hätte | <u>wäre</u> | würde lieber auf einer Insel im Pazifik leben als in einem Hochhaus in Frankfurt.

c Max <u>würde</u> | hätte | wäre gern mit dem Motorrad zur Schule fahren, deshalb <u>wäre</u> | würde | hätte er gern zwei Jahre älter.

d Max wäre | würde | <u>hätte</u> gern weniger Streit mit seinen Eltern, deshalb <u>würde</u> | hätte | wäre er gern besser in Mathematik.

e Max hätte | <u>würde</u> | wäre gern ein Musikinstrument spielen und in der Schulband mitmachen.

f Max würde | <u>wäre</u> | hätte gern ein Star in der Fußballmannschaft, dann <u>würde</u> | hätte | wäre Lara sicher gern mit ihm ins Kino gehen.

19 Was weißt du nun über Max? Schreib alle Informationen auf.

Max ist noch nicht 16 Jahre alt. Er lebt

20 Was würden diese Jugendlichen auch gern so gut können wie ihre Vorbilder? Wie würden sie gern sein? Schreib ihre Wünsche.

a Leons Tante malt wunderschöne Bilder. — *Leon würde auch gern so schöne Bilder malen.*

b Jans Bruder spielt sehr gut Fußball. — *Jan würde auch gern*

c Natalies große Schwester ist sehr beliebt.

d Ninas Vater ist sehr gut in Mathematik.

e Philipps Cousin ist ein toller Tennisspieler.

f Lauras Mutter hat eine wunderbare Stimme.

21 Wer sind deine Vorbilder? Was würdest du auch gern gut können? Schreib sechs persönliche Sätze.

Mein Bruder   sehr gut   . Ich würde auch gern so

22 Welcher Wunsch passt zu welcher Person? Schreib zu jedem Bild einen Satz in der Ich-Form. E1

einen Fahrschein haben ★ einen Geschirrspüler haben ★ größer sein ★
am Meer sein ★ ein Fahrrad haben ★ Fußball spielen

a Ich wäre gern

b

c

d

e

f

23 Was haben Hanna und Leonie? Und was wünschen sie sich? Ordne zu. Hör dann den Dialog und schreib Sätze wie im Beispiel. E1 2/17

Realität	Wünsche
Katze	neues Handy
Star-Aufkleber haben	Zeitreise machen
Handy	in einem Baumhaus leben
Reise machen	Hund
schönes Zimmer haben	größer sein
einen Meter 80 groß sein	alle Harry-Styles-Sticker

a Hanna hat eine Katze, aber sie hätte gern

b

c

d

e

f

einhundertsiebenunddreißig 137

FERTIGKEITENTRAINING

24 LESEN Du liest in einer Zeitung diesen Text. Lies den Text und kreuze die richtigen Aussagen an.

Stunts im Minikleid

Der Fernsehturm in Düsseldorf ist 180 Meter hoch. Eine Frau steht ganz oben und schaut hinunter. Dann springt sie. Neun Sekunden lang dauert ihr Sprung. Ein Filmteam filmt alles mit. Die Frau heißt Tanja de Wendt. Sie ist Stuntfrau von Beruf. Fast achtzehn Monate lang hat sie sich auf diesen Sprung vorbereitet. „Das Wichtigste bei jedem Stunt ist die Planung und die Vorbereitung", sagt sie. „Manchmal braucht man da etwas mehr Zeit, manchmal etwas weniger." Nach der Schule war Tanja de Wendt Kellnerin. Doch der Beruf war ihr zu langweilig. „Ich brauche diese extremen Erfahrungen", meint sie. „Ich brauche das Spiel mit der Gefahr."
Und gefährlich sind alle ihre Stunts: Klettern, Stürzen, Fallen, Unfälle mit schnellen Autos oder auf schnellen Motorrädern. Das wollen die Zuschauer sehen. Es gibt nicht viele Stuntfrauen in Deutschland. Deshalb hat Tanja auch sehr viel Arbeit. Und der Job als Stuntfrau ist oft schwieriger als die Arbeit von Stuntmännern. „Die Männer können für ihre Stunts oft dicke Kleidung anziehen, da ist das Fallen kein Problem. Ich muss Stunts oft im kurzen Rock oder im Minikleid machen, da ist die Verletzungsgefahr schon viel größer", erklärt sie.
Auch die Regisseure und Drehbuchautoren sind meistens Männer, das findet Tanja schade. Deshalb arbeitet sie selbst an Filmprojekten. Sie findet, Actionfilme müssen auch eine gute Geschichte haben, sonst werden sie schnell zu langweilig für das Publikum. Und die Geschichten in ihren Filmen mag Tanja viel lieber als die Stunts.
Sie würde auch gern richtige Rollen spielen, nicht nur Stuntszenen. Deshalb hat sie Schauspielunterricht genommen und auch schon einige kleinere Rollen gespielt.
In Tanja de Wendt steckt eben auch eine sensible und kreative Künstlerin, sie ist nicht nur die harte Actionfrau ohne Angst und ohne Gefühle.
Dass Tanjas Arbeit extrem gefährlich ist, hat auch der Sprung in Düsseldorf gezeigt. Wenige Wochen nach Tanjas Stunt hat ein Stuntman in den USA denselben Sprung probiert. Die Vorbereitung war nicht so perfekt. Tanjas Kollege hat sich schwer verletzt und sitzt heute im Rollstuhl.

1 Im Text steht über Tanja de Wendt, …
- a dass sie ihre Stunts immer sehr lange vorbereitet.
- b dass die meisten Stunts wenig Vorbereitung brauchen.
- c dass der Sprung vom Fernsehturm in Düsseldorf sehr gefährlich war.

2 Tanja de Wendt wollte nicht Kellnerin bleiben, …
- a weil sie nicht viel Geld verdient hat.
- b weil die Arbeit schwierig war.
- c weil die Arbeit für sie nicht interessant war.

3 Der Job von Stuntfrauen ist oft schwieriger als der Job von Stuntmännern, …
- a weil es nicht viele Stuntfrauen gibt.
- b weil Frauenkleidung die Arbeit oft gefährlicher macht.
- c weil Stuntfrauen sich öfter verletzen.

4 Tanja de Wendt findet, ...

a dass die Stunts in den Filmen wichtiger sind als die Geschichten.

b dass Stuntmänner keine guten Schauspieler sind.

c dass mehr Frauen Drehbücher für Action-Filme schreiben sollten.

5 Ein Stuntman in den USA hat sich bei Tanja de Wendts Sprung schwer verletzt, ...

a obwohl der Stunt nicht so gefährlich war.

b obwohl er sehr viel trainiert hat.

c weil er sich nicht so gut vorbereitet hat.

> **LESEN FÜR DIE PRÜFUNG**
>
> Wenn dich ein Thema interessiert, kannst du Texte und Informationen zu diesem Thema im Internet suchen. Du kannst zum Beispiel einen Filmtitel (z. B. „Ballon") in eine Suchmaschine eingeben. Wenn dich ein Thema interessiert, macht das Lesen in der Fremdsprache viel mehr Spaß. Auch dann, wenn du nicht alles verstehst.
> **Tipp:** Such deutsche Comics im Internet. Die Texte sind meist kurz und die Bilder sind eine gute Lesehilfe.

25 HÖREN Hör das Gespräch. Welche Filme und Serien wollten Julias Freunde sehen? Wähle für die Aufgaben 1–5 ein passendes Bild a–i aus. Wähle jeden Buchstaben nur einmal. 🔊 2/18

	Beispiel	1	2	3	4	5
Name	Lisa	Amina	Stefan	Emin	Sophia	Max
Genre	c					

a

b

c

d

e

f

g

h

i

26 SCHREIBEN Schreib einen Beitrag für dein Schulforum.

> **SCHUL-FORUM** *Unsere aktuelle Umfrage: Gemeinsam Filme sehen*
>
> Welche Filme siehst du gern, welche Filme mögen deine Familienmitglieder und Freunde? Was seht ihr gemeinsam? Warum?

Ich streame gern Filme oder Serien mit ...
Er/Sie mag/mögen ...
Ich liebe ..., weil ...
Für mich/uns muss ein Film / eine Serie eine gute Geschichte / gute Schauspieler ... haben.
Die Filmmusik/Action / ein gutes Ende ... ist/sind auch wichtig.
Außerdem ...

21 LERNWORTSCHATZ

A1a	(sich) wünschen	○ Was wünschst du dir zum Geburtstag? ◆ Ich wünsche mir ein neues Handy.
	• Traum, der, ¨-e	Ich möchte Schauspieler werden. Das ist mein Traum.
	kaum	Der Film ist nicht sehr bekannt. Kaum jemand hat ihn gesehen.
	drehen	Wenn man einen Film dreht, müssen viele Berufe zusammenarbeiten.
	• Szene, die, -n	Der Film hat viele interessante Szenen.
	• Aufnahme, die, -n auf·nehmen	Die Aufnahmen für den Film waren toll, aber es war sehr anstrengend. Ich bin froh, dass er fertig ist.
	• Rolle, die, -n	Die Regisseurin erklärt den Schauspielern ihre Rollen im Film.
	• Regisseur, der, -e • Regisseurin, die, -nen	○ Weißt du, wer den Film „Avatar" gedreht hat? ◆ Ich glaube der Regisseur heißt James Cameron.
	• Synchronsprecher, der, - • Synchronsprecherin, die, -nen	Der Synchronsprecher ist die deutsche Stimme von Hollywoodstar Leonardo di Caprio.
A2a	• Stimme, die, -n	
	• Puppe, die, -n	Die Puppen in dem Puppentheater sind besonders schön. Alle sind mit der Hand gemacht!
	mit·spielen	In dem Film spielen viele berühmte Schauspielerinnen und Schauspieler mit.
	schreien	= sehr laut sprechen
	pausenlos	= ohne Pause
B1a	• Raupe, die, -n	
	real	Magst du lieber Zeichentrickfilme oder reale Filme?

B1b Filmgenres

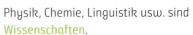

- • Thriller, der, -
- • Komödie, die, -n
- • Kostümfilm, der, -e
- • Western, der, -
- • Science-Fiction, der *(Sg.)*
- • Liebesfilm, der, -e
- • Horrorfilm, der, -e
- • Action-Film, der, -e

B2a	• Wissenschaft, die, -en	Physik, Chemie, Linguistik usw. sind Wissenschaften.
	• Verbot, das, -e	In der Schule darf man nicht rauchen. Es gibt ein Rauchverbot.

LERNWORTSCHATZ

21

B2c + B3a — *Filmkritiken*

aufregend	Ich sehe am liebsten aufregende Actionfilme.
spannend	Ich mag spannende Thriller.
hervorragend	Du musst den Film sehen – er ist hervorragend!
romantisch	Ich finde Liebesfilme romantisch.
sentimental	Meine Freundin findet sie zu sentimental.
• Handlung, die, -en	Der Film war super! Die Handlung war originell
prima	und die Schauspieler waren prima.
originell	
historisch	Ich schaue am liebsten historische Filme, weil ich etwas über Geschichte lernen möchte.
handeln von	Der Film handelt von zwei Jugendlichen.
spielen	Er spielt in einer Großstadt.
• Inhalt, der, -e	◆ Was ist der Inhalt vom Film „Die Mannschaft"?
gehen um → es geht um	▼ In dem Film geht es um ein Fußballteam. Sie wollen die Meisterschaft gewinnen, aber…
• Schluss, der *(Sg.)*	Der Film war okay, aber der Schluss war seltsam.

C1b
- • Herz, das, -en
- • Freundschaft, die, -en — Meine Freundin und ich haben Streit, trotzdem haben wir eine tolle Freundschaft.
- fremd
  - ○ Fühlst du dich wohl in eurem neuen Haus?
  - ◆ Nein, nicht so richtig, alles ist noch so fremd.

C2a
- • Dame, die, -n — Meine Großmutter ist eine elegante alte Dame.

E1b
- • Reihe, die, -n
- besetzt
  - ○ Kann ich hier sitzen?
  - ◆ Tut mir leid, dieser Platz ist schon besetzt.

⊕ 1a
- • Magazin, das, -e — ○ Hast du das neue Kinomagazin? ◆ Ja, diese Woche kommen super Filme im City-Kino.
- • Staat, der, -en — Bis 1989 gab es fast 50 Jahre lang zwei deutsche Staaten.
- • Bundesrepublik Deutschland, die *(Sg.)* — = offizieller Name von Deutschland
- fliehen — Viele Menschen müssen aus ihrem Heimatland fliehen, weil sie dort nicht sicher sind.
- heimlich — = niemand darf es wissen
- • Versuch, der, -e — Beim ersten Versuch ist der Ballon nicht nach oben gestiegen, dann haben sie es noch einmal
- versuchen — versucht und der Ballon ist nach oben gestartet
- starten — und in die richtige Richtung geflogen.
- • Richtung, die, -en
- dringend — Ich muss sofort mit dir sprechen, Es ist dringend!
- • Stoff, der, -e — ○ Du hast eine schöne Jacke. ◆ Ja, ich habe Stoff gekauft und sie selbst gemacht.
- erfahren
  - ○ Wie endet der Film?
  - ◆ Das erfährst du, wenn du den Film siehst.

⊕ 1b
- • Welle, die, -n
- ändern — Der Mann im Film gewinnt viel Geld. Das ändert sein Leben. Plötzlich wird alles anders.

einhunderteinundvierzig

22 Intelligenz und Gedächtnis

A TEXT

1 Was weißt du noch? Ordne die Namen zu. A2 KB S. 99

1. Nadia
2. Matt Savage
3. Christopher
4. Howard Gardner
5. Chick Corea
6. Shakespeare und Goethe
7. Barack Obama und Buddha

a ○ fand den siebenjährigen Matt einfach toll.
b ○ konnte als Erwachsener sehr schlecht zeichnen.
c ○ lernte in kürzester Zeit Klavier spielen.
d ○ glaubt, dass es nicht nur eine Intelligenz gibt.
e ○ sind Beispiele für Menschen mit hoher sprachlicher Intelligenz.
f ○ konnte als kleines Kind sehr gut zeichnen.
g ○ konnten sehr gut mit Menschen kommunizieren.

2 Welche Intelligenz brauchst du bei diesen Tätigkeiten? Verbinde Sätze und Bilder und ergänze dann. A2

a   Ich tanze gern. .... Intelligenz
b   Ich kann sehr schnell rechnen. .... Intelligenz
c   Ich spiele in der Schulband Gitarre. .... Intelligenz
d   Ich schreibe gute Texte. .... Intelligenz
e   Ich zeichne sehr gut. .... Intelligenz
f   Ich bin gern mit meinen Freunden zusammen. .... Intelligenz

B GRAMMATIK | Zeitangaben

3 Lies die Texte und ergänze die richtigen Zeitangaben. Welche Intelligenzen sind in den Texten wichtig? B1

a   jeden Tag ★ immer ★ nach der Stunde ★ ~~seit einem Jahr~~ ★ einige Tage ★ vor der Klavierstunde

Meine Schwester lernt _seit einem Jahr_ Klavier spielen. Sie sollte .... üben, aber sie übt .... nur kurz .... setzt sie sich dann nicht ans Klavier. **Wichtig:** .... Intelligenz

b   zuerst ★ am Ende ★ eine Woche ★ immer ★ ~~letzten Sommer~~ ★ oft

Letzten Sommer war ich .... in der Türkei. Ich habe meine türkische Freundin Afet besucht. Ihre Mutter kann kein Deutsch und hat mit mir .... Türkisch gesprochen. .... habe ich gar nichts verstanden, aber sie hat die Wörter .... wiederholt und .... konnte ich auch schon einige Wörter sagen. Es war richtig lustig! **Wichtig:** .... Intelligenz

142 einhundertzweiundvierzig

c jetzt ★ jeden Freitag ★ ~~letzten Monat~~ ★ gestern ★ beim ersten Termin ★ dann ★ zuerst

Letzten Monat hat mein Tanzkurs begonnen. Die Tanzstunden sind _____. Markus war nur _____ da. _____ ist er nicht mehr gekommen. Ich habe ihn angerufen, und er hat gemeint, er wollte _____ schon tanzen lernen, aber _____ interessiert ihn der Tanzkurs nicht mehr. **Wichtig:** _____ **Intelligenz**

4 Was kommt _zuerst_ (1), _dann_ (2), _zuletzt_ (3)? Ordne die Wörter. B1

a ② nächsten Monat   ① nächste Woche   ③ nächstes Jahr
b ○ diesen Mittwoch   ○ diesen Freitag   ○ letztes Wochenende
c ○ diese Woche   ○ vor einer Woche   ○ in einer Woche
d ○ schließlich   ○ später   ○ zuerst
e ○ heute   ○ früher   ○ übermorgen
f ○ am Mittag   ○ um 10 Uhr morgens   ○ abends
g ○ seit einer Stunde   ○ im nächsten Moment   ○ jetzt
h ○ im Mai   ○ am fünften Vierten   ○ vom ersten Vierten bis zum vierten Vierten

5 Sortiere die Zeitangaben aus Übung 4. B1

mit Präposition	mit Akkusativ	als Adverb
vor einer Woche	diesen Mittwoch	jetzt

6 Was passt? Ergänze den Akkusativ von _dies-_, _letzt-_ oder _nächst-_. B1

a ○ Ist das Konzert übermorgen? ◆ Ja, es ist _____ Freitag.
b ○ Kommst du diese Woche zu mir? ◆ Das geht leider nicht, aber _____ Woche kann ich.
c ○ Dieses Jahr fahren wir im Sommer nach Italien. ◆ Wart ihr da nicht schon _____ Jahr?
d ○ Wo warst du _____ Wochenende? ◆ Auf einer Hochzeit.
e ○ Habt ihr dieses Jahr keinen Geschichtsunterricht?
   ◆ Nein, aber _____ Jahr haben wir wieder Geschichte.

7 Ergänze die Präpositionen und Fragewörter.

a vor ∗ in ∗ bis ∗ seit

- ○ Wie lange spielst du schon Gitarre? ◆ _____ drei Jahren.
- ○ Und wann hast du mit dem Klavierspielen angefangen? ◆ _____ sechs Jahren.
- ○ Wie lange übst du heute noch? ◆ _____ zehn Uhr.
- ○ Wann ist dein Konzert? ◆ _____ drei Tagen.

b bis wann ∗ wann ∗ seit wann ∗ wie lange

- ○ _____ gibt es eure Schülerzeitung? ◆ Seit drei Jahren.
- ○ _____ hast du bei der Schülerzeitung begonnen? ◆ Vor einem Jahr.
- ○ _____ arbeitest du an einem Artikel? ◆ Manchmal bis zu zehn Stunden.
- ○ _____ muss die neue Zeitung fertig sein? ◆ Bis Mittwoch.

8 Temporale Präpositionen mit Dativ. Ergänze *einem* oder *einer* und die Sätze.

a vor _einem_ Monat / vor _____ Stunde / vor _____ Jahr

Wo bleibt er nur? Der Zug sollte doch schon _vor einer Stunde_ ankommen.

b seit _____ Stunde / seit _____ Tag / seit _____ Minute / seit _____ Jahr

Dein Frühstücksei ist noch nicht fertig, das Wasser kocht erst _____.

c nach _____ Woche / nach _____ Stunde / nach _____ Minute

Es gab einen Sturm, deshalb war das Fußballspiel schon _____ zu Ende.

d in _____ Monat / in _____ Stunde / in _____ Jahr / in _____ Woche

Melina kommt nächsten Dienstag, also heute _____.

e mit _____ Jahr / mit drei Jahren / mit _____ Monat

_____ können Babys die ersten Wörter sprechen.

9 Ersetze die Zeitangaben durch *montags*, *mittags* usw. Aber nur, wenn das möglich ist. Achte auch auf die Adverbien.

a ○ Hast du heute Zeit?
◆ Nein, *(am Montag)* _montags_ habe ich immer mein Basketballtraining.

b ○ Kommst du morgen *(am Abend)* _____ zu mir?
◆ Nein, morgen muss ich zu meiner Großtante.

c ○ Was isst du zu Mittag?
◆ *(Am Freitag)* _____ esse ich immer Fisch.

d ○ Wann ist der Geschichtstest?
◆ *(Am Mittwoch)* _____.

e *(Am Montag)* _____ und *(am Freitag)* _____ habe ich nie Zeit. Da ist mein Tanzkurs.

f *(Am Morgen)* _____ esse ich meistens Müsli und trinke einen Tee.

22

10 Emma war mit ihrer Klasse zum Schüleraustausch in Frankreich.
Hör zu und beantworte die Fragen mit den richtigen Zeitangaben. B2 ◀) 2/19

a Wie lange war Emma in Frankreich?   zwölf Tage
b Wann ist die Klasse weggefahren?
c Wann sind sie zurückgekommen?
d Wie oft hatten die Schüler in Frankreich Unterricht?
e Wann hatten sie ihr Ausflugsprogramm?
f Wann hat Emma sich in der Stadt verlaufen?
g Wann hat sie mit ihrer Gastfamilie Ausflüge gemacht?
h Wann fährt sie das nächste Mal nach Rennes?

11 Welche Rolle spielen die fünf Intelligenzen in Emmas Bericht? Schreib Sätze.
Nicht alle Ausdrücke passen. B2

ein Fotobuch bekommen ✦ Volleyball spielen ✦ an der falschen Haltestelle aussteigen ✦
Mathe einfach finden ✦ tanzen gehen ✦ ~~Französisch lernen~~ ✦ sich mit der Gastfamilie gut verstehen

sprachliche Intelligenz   Emma lernt Französisch.
mathematische Intelligenz
räumliche Intelligenz
personale Intelligenz
musikalische Intelligenz

AUSSPRACHE | ng

12 Lies und ergänze die Wörter. Welche zwei Buchstaben fehlen? Hör dann zu und sprich nach. ◀) 2/20

A◯◯st   Traini◯◯   e◯◯   anfa◯◯en
Verspätu◯◯   Ju◯◯e   la◯◯e   Heizu◯◯

13 Ergänze die Dialoge mit den Wörtern aus Übung 12. Hör zu und sprich nach. ◀) 2/21

a ○ Wie .... dauert das .... ? ◆ Zwei Stunden.
b ○ Wann hast du die Hose gekauft? ◆ Vor einem Monat, aber sie ist mir schon zu ....
c ○ Seit wann hast du .... vor Hunden? ◆ Seit unserem letzten Radausflug.
d ○ Wann schaltet ihr im Haus die .... ein? ◆ Im Oktober.
e ○ Wann können wir endlich .... ? ◆ In fünf Minuten.
f ○ Wann fährt der Bus? ◆ Um zehn nach sieben, aber er hat ....

einhundertfünfundvierzig 145

C WORTSCHATZ | Strategien

14 Finde die Wörter. Schreib auch die Artikel und die Pluralformen. C2

> **WORTSCHATZ**
> Du merkst dir deutsche Wörter besser, wenn du Assoziationen zu den Wörtern findest. Bilder, Sätze, Texte, eine spezielle Situation, eine persönliche Geschichte ... Alles kann dir beim Lernen helfen. Wenn die Assoziationen originell sind, merkst du dir die Wörter besonders gut.

15 Finde zwei oder mehr Wort-Kategorien und ordne die Wörter aus Übung 14 zu. Vergleiche dann mit deiner Partnerin oder deinem Partner. C2

Beispiele für Kategorien:

Wörter mit einer Silbe, Wörter mit zwei Silben ... (= Wortlänge)

Burg

Maskuline Nomen, feminine Nomen, Adjektive ... (= Grammatik)

Mensch, Natur, Wörter für Jungen, Wörter für Mädchen ... (= Bedeutung)

Wörter mit einem Vokal, Wörter mit zwei Vokalen ... (= Aussprache)

16 Lies die Sätze, ergänze und markiere. Welche Wörter aus Übung 14 finden die Personen sympathisch 🙂, welche finden sie unsympathisch ☹? C2

a ☹ Ich finde _____ (Pl.) langweilig. Sehr oft verliert man Teile, und dann kann man das Bild nicht fertig legen.

b 🙂 Ich mag es, wenn meine Schwester _____ spielt. Das klingt wunderschön.

c ☹ In der Grundschule mussten wir viele _____ (Pl.) abschreiben. Das war furchtbar langweilig, auch wenn die _____ (Pl.) manchmal sehr schön waren.

17 Finde selbst drei sympathische 🙂 und drei unsympathische ☹ Wörter. Warum magst du sie (nicht)? Schreib Sätze und vergleiche mit deiner Partnerin oder deinem Partner. C2

18 Finde die Lern- und Strategietipps. Ordne zu und schreib dann drei Sätze über deine Lernerfahrungen. C2

Beim Lesen und Hören …	solltet ihr die Höraufgabe gut durchlesen.
Vor dem Lesen …	solltet ihr eure Texte gut durchlesen.
Vor dem Schreiben …	sind kleine Grammatikfehler kein Problem, wichtig ist die Kommunikation.
Nach dem Schreiben …	solltet ihr die Bilder zum Lesetext ansehen und den Textinhalt erraten.
Beim Sprechen …	müsst ihr nicht jedes Wort verstehen.
Vor dem Hören …	solltet ihr eure Ideen sammeln.

Beim Lesen habe ich Probleme / keine Probleme / verstehe ich alles / verstehe ich manche Sätze überhaupt nicht / Beim …

D HÖREN: ALLTAGSSPRACHE

19 Was weißt du noch? Finde die richtigen Wörter und ergänze Amelie (A) oder David (D). D1 KB S. 103

Ⓐ will ihr Zimmer neu *(treichens)* _____. ◯ hilft ihr. Jetzt sind sie im Baumarkt, weil ◯ zu wenig Farbe gekauft hat. ◯ will einen 15 Liter *(remEi)* _____ nehmen. „Der *(chteir)* _____ sicher", meint ◯. Doch ◯ *(chnreet)* _____ aus, dass sie für das ganze Zimmer nur 15 Liter Farbe brauchen. Das halbe Zimmer ist schon fertig. Sie kaufen also acht Liter *(ebraF)* _____. Vor dem Baumarkt stehen ihre *(ärderFhra)* _____. ◯ möchte nach links fahren, doch das ist falsch. ◯ *(klerärt)* _____ ihm den Weg.

20 Ordne zu und ergänze den Dialog.

Gut, ...	kommt hin
Rechnen ...	von mir
ich wollte ...	immer schon
Ja, das ...	dass
Wirklich blöd ...	etwas, Anton
Noch ...	wir mal

Anton: **a** _Wirklich blöd von mir_, dass ich das Mehl für die Pizza vergessen habe. Wie viel brauchen wir?

Ida: **b** _____: Zur Party kommen zehn Personen. Ich glaube zwei Kilo reichen.

Anton: **c** _____. Aber wahrscheinlich sind eineinhalb Kilo auch genug.

Ida: **d** _____. Wir brauchen auch noch Spinat für die Spinatpizza.

Anton: Super, **e** _____ deine Spinatpizza probieren.

f _____ du daran denkst.

E GRAMMATIK | Passiv

21 Ordne die Sätze den Bildern zu.

a Das Fahrrad wird geputzt.
b Emily schreibt einen Brief.
c Nele putzt das Fahrrad.
d Das Geschirr wird abgewaschen.
e Ein Brief wird geschrieben.
f Eine neue Software wird installiert.
g Alex installiert eine neue Software.
h Lukas wäscht das Geschirr ab.

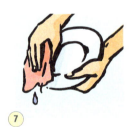

22 *Eine Nachricht schreiben* und *ein Zimmer streichen*. Ordne die Satzteile und schreib zwei kurze Texte. E1

a wird | der Text | Schließlich | weggeschickt .
b ausgeräumt | wird | das | Dann | Zimmer .
c der Text | Danach | eingegeben | wird .
d werden | Danach | abgeklebt | und | die Fenster und Türen gemischt | wird | die Farbe .
e wird | Farbe | eingekauft | Zuerst .
f wird | geöffnet | die App auf dem Handy | Zuerst .
g wird | Schließlich | das Zimmer | gestrichen .
h Dann | ausgewählt | der Kontakt | wird .

Eine Nachricht schreiben: *Zuerst wird die App ...*

Ein Zimmer streichen:

23 Schreib die Texte aus Übung 22 noch einmal. Alina und Luisa streichen das Zimmer, Robin schreibt eine Nachricht. E1

Zuerst kaufen Alina und Luisa Farbe ein. Dann räumen sie ...

Zuerst öffnet Robin die App auf seinem Handy. Dann wählt er ...

24 Lies die Anzeige und unterstreiche die Passivsätze. Wer macht was? Ordne die Tätigkeiten den Berufen zu und schreib fünf Aktivsätze. E1

Eure Abiturreise ins Sommercamp Malibu
Nach dem Lernstress: Entspannung pur – Lasst uns für euch arbeiten!

Anreise: Ihr werdet mit dem Bus vom Bahnhof abgeholt und ins Feriencamp gefahren.

Animation: Am Pool und auf dem Sportplatz werden jeden Tag Spiele organisiert. Jede Woche werden Tennis-, Volleyball- und Fußballturniere organisiert. Am Strand werden Surf- und Tauchkurse angeboten. Abends wird in vier Clubs eure Lieblingsmusik gespielt.

Essen und Trinken: Das Frühstück wird jeden Tag auf der wunderschönen Strandterrasse serviert. In drei verschiedenen Restaurants wird gekocht und gegrillt, den ganzen Tag lang! In fünf Strandbars werden rund um die Uhr Getränke und kleine Speisen angeboten.

Ausflüge: Lust auf Kultur? Bei unseren Ausflügen werdet ihr zu den interessantesten Sehenswürdigkeiten rund um die Stadt gebracht.

Es wird alles für euch organisiert – ihr müsst nur anrufen und buchen: info@malibucamp.de

Tauchlehrer ★ Discjockey ★ Angestellte im Reisebüro ★ ~~Busfahrer~~ ★ Kellner und Kellnerinnen ★ Reiseführerinnen ★ Animateure ★ Surflehrer ★ Köchinnen und Köche

Ein Busfahrer holt die Schülerinnen und Schüler ...

FERTIGKEITENTRAINING

25 LESEN Lies die Information des Hahn-Gymnasiums und die E-Mail.
Wähl für die Aufgaben 1–5 die richtige Lösung a, b oder c.

> www.h-schule.de
>
> ### Hahn-Gymnasium – Unsere Schule
>
> Macht mit bei unserer Online-Umfrage: Was kann man in unserer Schule noch besser machen?
> Schick deine E-Mail an unsere Redaktion: h-schule@com.de
>
> An: h-schule@com.de
> Betreff: Probleme in der Schule
>
> Liebe Redaktion,
> das Hahn-Gymnasium ist sicher eine gute Schule. Trotzdem kann man auch bei uns einige Dinge noch besser machen. Erstens finde ich, dass wir mehr Projekte haben sollten. Mein Bruder hat in seiner Schule oft Projektunterricht. Unsere Lehrer und Lehrerinnen sagen immer, dass wir nicht genug Zeit für Projekte haben. Vielleicht gibt es im Stundenplan Platz für Doppelstunden? Dann hätten wir Zeit für Projektunterricht. Zweitens sollten wir im Musikunterricht nicht so viel klassische Musik hören. Viele Schüler finden Pop und Rock viel besser. Vielleicht können wir auch selbst Musik machen. Das macht sicher mehr Spaß, als nur Musik zu hören. Schließlich sollten wir die Schulregeln diskutieren. Ich finde einige Regeln zu streng. Wenn man zum Beispiel morgens einige Minuten später kommt, darf man erst eine Stunde später in die Klasse. Ich finde, wir sollten einfach später mit der Schule beginnen, dann kommen sicher auch nicht mehr so viele Schülerinnen und Schüler zu spät. Ich hoffe, meine Vorschläge gefallen euch. Ich bin sicher, so können wir unsere Schule noch besser machen.
> Mit freundlichen Grüßen
> Nika Brand

1 Welche Frage stellt das Hahn-Gymnasium an seine Schülerinnen und Schüler?
- a Wie gefällt euch unsere Schule?
- b Was findet ihr an unserer Schule besonders gut?
- c Was kann man an unserer Schule verbessern?

2 Was ist an der Schule von Nikas Bruder besser als am Hahn-Gymnasium?
- a Es gibt mehr Lehrer und Lehrerinnen.
- b Es gibt Doppelstunden.
- c Es gibt mehr Projektunterricht.

3 Was sollte sich im Musikunterricht ändern?
- a Die Schülerinnen und Schüler sollten weniger Rockmusik hören.
- b Die Schülerinnen oder Schüler sollten Musik machen.
- c Man sollte mehr über klassische Musik lernen.

4 Was passiert, wenn Schüler oder Schülerinnen zu spät kommen?
- a Sie müssen extra Übungen machen.
- b Sie müssen vor der Klasse warten.
- c Sie müssen eine Stunde länger in der Schule bleiben.

5 Warum möchte Nika, dass die Schule später beginnt?
- a Ihr Schulweg ist sehr lang.
- b Sie kann dann länger schlafen.
- c Weniger Schülerinnen und Schüler kommen dann zu spät.

> **LESEN IN DER PRÜFUNG**
>
> Lies die Aufgabe und die ersten fünf Zeilen des Textes. Um welches Thema geht es? Lies jetzt die fünf Fragen zum Text ganz genau. Such danach die richtigen Stellen im Text. Streiche 100 % falsche Antworten weg. Kreuze bei jeder Frage unbedingt eine Antwort an, auch wenn du nicht ganz sicher bist.

22

26 HÖREN Hör zu und wähle für die Aufgaben 1–5 die richtige Lösung a, b oder c. 🔊 2/22

1. Was ist in der Schule von Sarahs Bruder besser als in Sarahs Schule?
   - a) Es wird mehr gelesen.
   - b) Es gibt mehr Sportmöglichkeiten.
   - c) Der Mathematikunterricht ist besser.

2. Was gefällt Tom in seiner Schule am besten?
   - a) Das Essen in der Schulmensa.
   - b) Die Schülerzeitung.
   - c) Die Projekte.

3. Was hat Jonas im letzten Schuljahr gemacht?
   - a) Er hat Unterrichtsmaterialien besorgt.
   - b) Er hat Experimente gemacht.
   - c) Er hat bei einem Wettbewerb mitgemacht.

4. Was gefällt Julia nicht in ihrer Schule?
   - a) Der Kunstunterricht.
   - b) Der Park und das Schulhaus.
   - c) Die Kunst im Park.

5. Was wünscht sich Marie an ihrer Schule?
   - a) Sie hätte gern eine Band.
   - b) Sie würde gern Partys feiern.
   - c) Sie würde gern Saxofon lernen.

27 HÖREN Hör noch einmal. Welche Intelligenzen werden in den Hörtexten in Übung 26 angesprochen? 🔊 2/22

räumlich ★ mathematisch ★ sprachlich ★ musikalisch ★ körperlich

Sarah: ... Intelligenz

28 HÖREN Hör noch einmal. Wie heißen die Sätze im Hörtext? Schreib die Passivsätze aus dem Hörtext auf. 🔊 2/22

a Ich hoffe, da macht man bald etwas.
   Ich hoffe, da wird bald etwas gemacht.

b An der Schule von meinem Bruder spielt man Basketball und Fußball.

c Ab heute steht die neue Zeitung auf dem Schulserver.

d Man kauft neue Unterrichtsmaterialien für den Physikunterricht.

29 SCHREIBEN Was gefällt dir an deiner Schule? Was gefällt dir nicht so gut?
Schreib eine E-Mail an die Online-Redaktion deiner Schule.

- Sage, was dir an deiner Schule (nicht) gefällt.
- Sage, was du gern hättest oder machen würdest.
- Sage, was man besser machen sollte.

*Liebe Redaktion,
ich finde unsere Schule ...
... gefällt mir besonders gut.
Ich mag ...
Mein Lieblingsfach/-ort ... ist ...
Trotzdem kann man einige Dinge ... besser machen.*

*Wir sollten mehr/weniger ... haben.
Die Lehrerinnen und Lehrer sollten ...
Ich hätte/würde gern ...
Ich hoffe, euch gefallen meine Ideen/Vorschläge ...
Mit freundlichen Grüßen
...*

Schreib 30 – 40 Wörter.
Schreib zu allen drei Punkten.

22 LERNWORTSCHATZ

A1a
- Intelligenz, die, -en — Howard Gardner meint, es gibt mehrere Intelligenzen: sprachliche, musikalische, mathematische ...
- sich wohl·fühlen — Ich fühle mich in meiner Klasse wohl. Ich kann mich hier entspannen und Spaß haben.
- retten — ○ Was machst du im Sommer? ◆ Ich fahre nach Rügen und helfe den Rangern. Wir retten Robben.
- mindestens — Ich übe mindestens drei Stunden Gitarre in der Woche. Manchmal übe ich mehr, aber nie weniger.
- musikalisch — Mein Bruder ist sehr musikalisch. Er spielt drei Instrumente.
- Schriftsteller, der, - / Schriftstellerin, die, -nen — Mein Lieblingsschriftsteller ist Michael Ende. Ich liebe seine Bücher.

A1b
- Bankkaufmann, der, ¨-er / Bankkauffrau, die, -en — Ich denke, eine Bankkauffrau muss gut rechnen können.

A1c
- Gebiet, das, -e — Aristoteles war ein Genie auf dem Gebiet der Mathematik.
- sich merken — ○ Hast du dir Sarahs Adresse gemerkt? ◆ Nein, ich habe sie vergessen.
- kommunizieren — Wenn man gut kommuniziert, versteht man sich besser.

A2a
- erreichen — ○ Wie viele Punkte hast du beim Test erreicht? ◆ Fast alle! Ich habe eine gute Note bekommen.
- Gefühl, das, -e — Rosi hat ein gutes Gefühl für Sprache, sie schreibt tolle Texte.
- Form, die, -en — Dreiecke, Kreise oder Quadrate sind Formen.
- analysieren — Wissenschaftler analysieren ein Problem, sie denken genau darüber nach.
- Frieden, der (Sg.) — Viele Politiker sind für Frieden und gegen Krieg.
- Preis, der, -e — Er hat den Zeichenwettbewerb gewonnen. Er hat einen Preis für das beste Bild bekommen.

A2c
- Präsentation, die, -en — Ich halte morgen eine Präsentation. Ich spreche über meine Lieblingsschriftstellerin.

B1a
- knapp — Das war knapp! Fast wäre ich mit dem Rad gestürzt.

B1b
- übermorgen — Heute ist Montag. Übermorgen ist Mittwoch.
- vorgestern — Heute ist Montag. Vorgestern war Samstag.

B2a
- selbe/selben — Mein Freund Benjamin und ich sind genau gleich alt. Wir haben am selben Tag Geburtstag.

B2c
- Gymnastik, die (Sg.) —

C1a
- Gedächtnis, das, -se — Ich habe ein gutes Gedächtnis. Wenn ich neue Wörter lerne, weiß ich sie im Test fast alle noch.
- benutzen — ○ Hast du die Wörter alle gewusst? ◆ Nein, ich habe ein Online-Wörterbuch benutzt.
- ab·schreiben — ○ Kann ich deine Mathehausaufgabe abschreiben? ◆ Ja, klar, hier.

LERNWORTSCHATZ

22

C2a — Hast du dir die Wörter gemerkt?

- Ausweis, der, -e
- Balkon, der, -e
- Bikini, der, -s
- Burg, die, -en
- Flöte, die, -n
- Gedicht, das, -e
- Insekt, das, -en
- Kirche, die, -n
- klingeln
- Motorroller, der, -
- Puzzle, das, -s
- Quark, der (Sg.)
- schädlich
- streiken
- Teppich, der, -e
- Zucker, der (Sg.)

C3b ab·waschen — Nach dem Essen muss man das Geschirr abwaschen.

D1a streichen

D1b reichen — ○ Haben wir genug Farbe für das Zimmer? ◆ Ja, das reicht bestimmt.

E1c
- Fußgängerzone, die, -n — In der Fußgängerzone kann man einkaufen und spazieren gehen. Dort fahren keine Autos.
- Tablette, die, -n
- Flohmarkt, der, ˝-e

an·probieren — ○ Oje, das neue Kleid passt mir nicht. ◆ Hast du es vorher nicht anprobiert?

E1d installieren — ○ Kannst du mir helfen? Ich möchte eine neue Software auf meinem Computer installieren. ◆ Ja, klar, morgen hätte ich Zeit.

⊕1b träumen — Hey, hörst du mir überhaupt zu? Oder träumst du?

⊕2a • Wettbewerb, der, -e — Machst du auch bei dem Schreibwettbewerb mit? Die beste Geschichte gewinnt einen Preis!

reagieren — ○ Ich habe heute die Hausaufgabe vergessen. ◆ Wie hat deine Lehrerin reagiert? ○ Sie war sehr nett. Ich kann sie morgen abgeben.

• Terrasse, die, -n — Wir hatten ein schönes Ferienhaus. Von der Terrasse konnte man direkt an den Strand gehen.

---

21 + 22 | MODUL-PLUS

LL 1a • Gebirge, das, - — Die Alpen sind ein großes Gebirge.

einhundertdreiundfünfzig

TEST 21+22

1 GRAMMATIK Ergänze die Adjektivendungen.

○ Hast du den neu_____ Lehrer schon gesehen?
◆ Wir haben einen neu_____ Lehrer?
○ Ja, in Biologie. Er hat lang_____ blond_____ Haare und ist ziemlich groß.
◆ Lang_____ Haare? Bist du sicher, dass das der neu_____ Biologielehrer war?
○ Ja, er hatte nämlich ein rot_____ T-Shirt an.
◆ Ja, und?
○ Auf dem rot_____ T-Shirt war ein blau_____ Fisch mit einer groß_____ Sprechblase: „Rettet die Wale."

von 10

2 GRAMMATIK Schreib Wünsche im Konjunktiv.

einen anderen Film sehen ★ mehr Zeit haben ★ ~~im Schwimmbad sein~~ ★
auch einen Hund haben ★ seinen Regenmantel haben ★ nach Berlin fahren

a Anna: Heute ist es schrecklich heiß. → *Anna wäre gern im Schwimmbad.*
b Lena: Der Hund ist so süß! →
c Jakob: Oh nein, der Mathetest ist schon morgen. →
d Jan: Es regnet und ich muss nach Hause gehen. →
e Kai: Meine Lieblingsband spielt in Berlin. →
f Ina und Tom: Der Film ist so langweilig. →

von 5

3 GRAMMATIK Ergänze den Akkusativ von *dies-*, *letzt-* oder *nächst-*.

a ○ Ich möchte *nächsten* Sommer bei einer Zeitung arbeiten.
   ◆ Hast du dort nicht schon _____ Jahr gearbeitet?
b ○ Wo warst du _____ Wochenende? ◆ Auf einer Party.
c ○ Ist der Biotest übermorgen? ◆ Ja, er ist _____ Donnerstag.
d ○ Lernen wir _____ Woche gemeinsam?
   ◆ Das geht leider nicht, aber _____ Woche habe ich Zeit.
e ○ Hast du Leonie gesehen? ◆ Ja, _____ Wochenende. Sie war im Schwimmbad.

von 6

4 GRAMMATIK Ergänze die Präpositionen und Fragewörter.

bis wann ★ vor ★ wann ★ seit ★ wie lange ★ bis

a ○ Wann hast du mit dem Gitarrespielen begonnen? ◆ _____ drei Jahren.
b ○ Seit wann hast du eine Katze? ◆ _____ drei Wochen.
c ○ _____ brauchst du für die Mathe-Aufgabe? ◆ Mindestens eine Stunde.
d ○ _____ ist dein Geburtstag? ◆ In vier Tagen.
e ○ Wie lange dauert morgen der Unterricht? ◆ _____ 16:00 Uhr.
f ○ _____ müssen wir den Text schreiben? ◆ Bis Freitag.

von 6

21+22 TEST

PUNKTE

5 GRAMMATIK **Schreib Passivsätze.**

a *(bauen)* In der Fabrik _werden_ täglich 1.200 Autos _gebaut_.
b *(zeigen)* In diesem Kino _____ jede Woche drei neue Filme _____.
c *(machen)* Käse _____ aus Milch _____.
d *(operieren)* Wie viele Menschen _____ täglich in diesem Krankenhaus _____?
e *(spielen)* Auf diesem Sportplatz _____ nächste Woche ein wichtiges Turnier _____.
f *(verkaufen)* Am Schulkiosk _____ jeden Tag 100 Liter Orangensaft _____.

von 5

6 WORTSCHATZ **Ergänze das richtige Filmgenre.**

serierorHor ★ nceScie-tionFic ★ diemöKo ★ filmbesLie

a Bei diesem Film soll das Publikum lachen. = _____
b Diese Serie spielt in der Zukunft. = _____
c In diesem Film geht es um ein Liebespaar. = _____
d Bei dieser Serie bekommen viele Zuschauer Angst. = _____

von 4

7 WORTSCHATZ **Positive (+) und negative (−) Kritik. Ergänze die Wörter und ordne zu.**

tisch ★ lich ★ ragend ★ nell ★ ma ★ ach ★ stert ★ nend

a Die Handlung war origi_____. (+)
b Der Film war pri_____.
c Ich war begei_____.
d Der Film war span_____.
e Einige Szenen waren pein_____.
f Der Schluss war sehr schw_____.
g Die Liebesszenen waren so roman_____.
h Die Landschaftsaufnahmen waren hervor_____.

von 8

8 ALLTAGSSPRACHE **Ergänze.**

das sagen alle ★ Warum ich ★ Lass dich nicht so bitten ★
Ich weiß von nichts ★ Ich wollte immer schon

a ○ Schreibst du einen Artikel über den Schulball, Anna?
   ◆ _____? Ich war doch nur bis zehn Uhr dort.
b _____ ans Meer. Diesen Sommer ist es so weit. Ich fahre nach Kroatien!
c ○ Bitte spiel etwas auf dem Klavier, Jonas. _____. ◆ Okay.
d ○ Kennt Sofia sich wirklich so gut mit Computern aus? ◆ Sie ist ein Computergenie, _____.
e ○ Müssen wir morgen zur Schulärztin? ◆ Frag mich nicht. _____.

von 5

G	W	A	Wie gut bist du schon?
26–32	10–12	5	😊 Sehr gut!
17–25	7–9	3–4	🙂 Okay!
0–16	0–6	0–2	😕 Na ja. Das übe ich noch.

einhundertfünfundfünfzig **155**

23 Weißt du, wer das erfunden hat?

A TEXT

1 Was weißt du noch? Ordne die unterstrichenen Textteile.

Bioniker kopieren Erfindungen, **a** das nie stumpf wird. So gibt es heute Kleidungsstücke, **b** die sie in der Natur sehen. Die Lotusblume war dafür das Vorbild. Bioniker haben auch die Kommunikationstechnik erforscht, **c** der das Fliegen von den Vögeln lernen wollte. Spezielle Computer arbeiten heute schon mit dieser Technik. Mit einem Schwimmanzug, **d** die wie Elefantenrüssel funktionieren, kann man viel schneller schwimmen. Techniker haben Roboterarme erfunden, **e** der wie die Haut eines Haifisches aussieht. Sie können deshalb Elektroautos zusammenbauen. Auch kann man heute schon ein Messer kaufen, **f** die länger sauber bleiben, weil es wie ein Rattenzahn funktioniert. Der erste Bioniker war Leonardo da Vinci, **g** die Delfine unter Wasser benutzen.

○○○○○○○

B GRAMMATIK | Relativsätze · Genitiv

2 Wer oder was ist gemeint? Unterstreiche und ordne die richtigen Namen zu. Die Antworten findest du in den Lektionen 19–23 von „Gute Idee! A2". B1

a Ein Künstler und Wissenschafter, der|das|die im 16. Jahrhundert gelebt hat.
b Eine Skifahrerin, der|das|die einen furchtbaren Unfall hatte.
c Ein Junge, der|das|die mit sechs Jahren über Nacht Klavier spielen lernte.
d Zwei Menschen, der|das|die hohe personale Intelligenz hatten.
e Eine Studentin, der|das|die gegen die Nazis politisch aktiv war.
f Ein Film, der|das|die etwas über die Geschichte Deutschlands erzählt.
g Ein Fest, der|das|die für Mädchen sehr anstrengend sein kann.
h Ein Mädchen, der|das|die schon mit drei Jahren wie eine Künstlerin zeichnete.

1 Veronika Aigner
2 Nadia
3 Sophie Scholl
4 Seijin no Hi
5 Matt Savage
6 Leonardo da Vinci
7 Ballon
8 Buddha und Barack Obama

3 Ergänze die Relativpronomen und ordne zu. Welches Wort im Rätsel passt zu welcher Erklärung? B1

a Kleidungsstücke,
b Ein großes graues Tier,
c Ein Getränk,
d Ein Gemüse,
e Eine Frucht,
f Eine Frau,
g Ein sehr großes Auto,
h Ein Mensch,

.... in Afrika und Indien lebt.
.... hilft, wenn man müde ist.
.... kranken Menschen in einem Krankenhaus hilft.
.... in südlichen Ländern wächst.
.... rot, rund und so groß wie ein Apfel ist.
die man an den Füßen trägt.
.... neben meinem Haus wohnt.
.... viele Menschen gemeinsam benutzen.

4 Was ist das? Finde Erklärungen für die Drudel. Schreib Relativsätze. B1

Drudel sind Bilderrätsel. Den Namen *Droodle* (deutsch: *Drudel*) hat der Amerikaner Roger Price im Jahr 1950 erfunden.

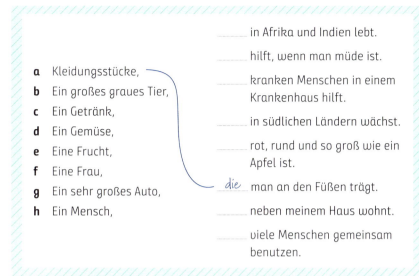

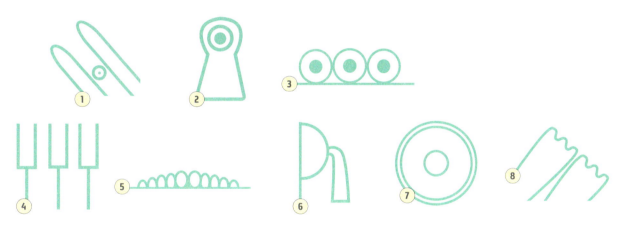

auf dem Tisch liegen ★ in der Badewanne liegen ★ nur weiße Tasten haben ★
das Meer suchen ★ beim Rennen einen Fehler machen ★ durch ein Schlüsselloch schauen ★
um die Ecke gehen ★ über dem Bett hängen

a Bild eins ist ein Skifahrer, ...
b Bild zwei ist ein Kind, ...
c Auf Bild drei sind drei Bleistifte, ...
d Bild vier ist ein Klavier, ...
e Bild fünf ist eine Frau, ...
f Bild sechs ist ein Pferd, ...
g Bild sieben ist eine Lampe, ...
h Bild acht ist ein Taucher, ...

5 Gustav Gansmann ist Hobby-Erfinder. Frau Berger hat sein Arbeitszimmer aufgeräumt. Wo waren seine Sachen vor dem Aufräumen? Hör zu und zeichne die Gegenstände an die richtige Stelle im Bild. B1 2/23

6 Ergänze die Texte mit Relativsätzen. Verwende die Informationen im Kasten.
Was haben diese zwei Männer erfunden? B1

a Elfriede Maltzahn wohnt auch in Rostock. ★ Der Wind ist für sie unerträglich.

Rostock, 1882. Ludolph Bartelmann arbeitet in seiner Werkstatt. Die siebzigjährige, kranke Elfriede Maltzahn, _____, erzählt ihm von ihren Problemen.

Ihr Lieblingsplatz ist der Strand, doch sie ist nicht mehr so gesund. Es ist der Wind, _____. Da hat Bartelmann eine Idee …

Erfindung: _____

b Der Zoo liegt nicht weit von seinem Haus entfernt. ★ Die Tiere gefallen ihm dort am besten.

Stuttgart, 1903. Richard Steiff geht einmal pro Woche in den Zoo, _____. Die Tiere, _____, sind die Bären. Stundenlang sieht er ihnen zu und zeichnet sie. Da hat er eine Idee …

Erfindung: _____

a Strandkorb b Teddybär

23

7 Wer hat was erfunden? Ordne zu und schreib für jeden Namen einen Satz. B2 KB S. 112–113

die Rolltreppe ★ der Kaffeefilter ★ der Kugelschreiber ★
die Geschirrspülmaschine ★ das Mountainbike ★ der Helikopter

a László Bíró — *Lásló Bírós Erfindung / Die Erfindung von Lásló Bíró war*
b Melitta Benz
c Gary Fisher
d Jesse Reno
e Igor Sigorski
f Josephine Cochrane

8 Lies den Text und beantworte die Fragen. B2

> **Junge Erfinder und Erfinderinnen**
> Es war nicht die Idee des Computerlehrers und auch nicht die Idee der Physiklehrerin. Ein Schüler und eine Schülerin des Franz-Haniel-Gymnasiums in Homburg spielten selbst Erfinder. „Ein Rollstuhl, der nur auf die Bewegungen der Augen reagiert, das wäre für viele Behinderte wichtig!", meinten sie. Die Lehrer und Lehrerinnen der Schule waren begeistert, und auch beim Wettbewerb der Aktion „Jugend forscht" konnten die Nachwuchs-Erfinder einen Preis gewinnen.

a Was kann die Erfindung?
b Wer hat sie erfunden?
c Warum ist die Erfindung nützlich?

9 Finde die sechs Genitive im Text in Übung **8** und notiere sie.
Schreib auch den Nominativ und ergänze dann die Tabelle. B2

	Genitiv	Nominativ
a	*die Idee des Computerlehrers*	*der Computerlehrer*
b		
c		
d		
e		
f		

die Idee	**des** Computerlehrer**s**	*eines Computerlehrers*	**-es** (Nomen + **s**)
die Schüler	**des** Gymnasium**s**		**-es** (Nomen + **s**)
die Idee	**der** Physiklehrerin		**-er**
die Bewegungen	**der** Augen	*ihrer Augen*	**-er**

einhundertneunundfünfzig 159

> **GRAMMATIK**
>
> Beim Dativ und beim Genitiv bekommen alle Artikelwörter (*der, dieser, jeder, ein, kein, mein, dein ...*) dieselben Endungen.
> Dativ: **-em**/**-em**/**-er**/**-en** (Nomen +**n**)
> Genitiv: **-es** (Nomen +**s**)/**-es** (Nomen +**s**)/**-er**/**-er**
>
> **Tipp:** Sprich diese Endungen rhythmisch, dann merkst du sie dir leichter.
> Dativ: em/em/er/en-en   Genitiv: es-s/es-s/-er/-er

10 Wer ist Anna? Sieh die Zeichnung an und beschreibe Annas verschiedene Rollen. B2

a (die Schülerin – der Flötenlehrer Alf) *Anna ist die Schülerin des Flötenlehrers Alf.*
b (die Babysitterin – die Nachbarn) _____
c (eine Kundin – der Supermarkt) _____
d (eine Einwohnerin – die Stadt Frankfurt) _____
e (die beste Spielerin – die Fußballmannschaft) _____
f (die Besitzerin – ein Moped) _____
g (die Computerexpertin – ihre Klasse) _____
h (die Nachhilfelehrerin – ihr Cousin) _____

11 Wer oder was bist du alles? Zeichne und beschreibe fünf Rollen in deinem Leben. B2

Ich bin

12 Ergänze die Genitive zu den Sätzen mit den Informationen im Kasten. B2

> Wir essen mittags oft in der Pizzeria „Roma". ★ Ich habe den Horrorfilm gesehen. ★
> Ich möchte den Pullover kaufen. ★ ~~Tom hat einen neuen Sportwagen.~~ ★
> Meine Schulaufgaben in Deutsch waren nicht gut. ★ Die Konzertkarten waren zu teuer.

a *Toms* Sportwagen ist super! Ich durfte letztes Wochenende mitfahren.
b Die Räume _____ werden gerade gestrichen. Deshalb können wir dort nicht zu Mittag essen.
c Aber die Farbe _____ gefällt mir nicht. Gehen wir in ein anderes Geschäft.
d Wir fahren nun doch nicht nach Köln. Der Preis _____ war zu hoch.
e Vor allem die letzte Szene _____ war furchtbar. Ich hatte richtig Angst.
f Die Noten _____ waren schon einmal besser, aber das Referat war gut.

C WORTSCHATZ

13 Löse das Kreuzworträtsel. Wie heißt das Lösungswort? C1

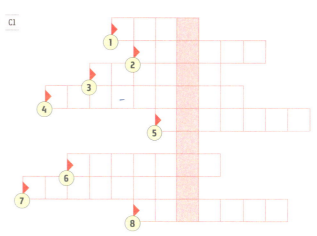

14 Finde die Wörter und ordne sie den Symbolen zu. C1

Ordner ★ ausdrucken ★ anklicken ★ Computerspiele ★ Datei ★
Internetseite ★ speichern ★ herunterladen ★ soziale Netzwerke

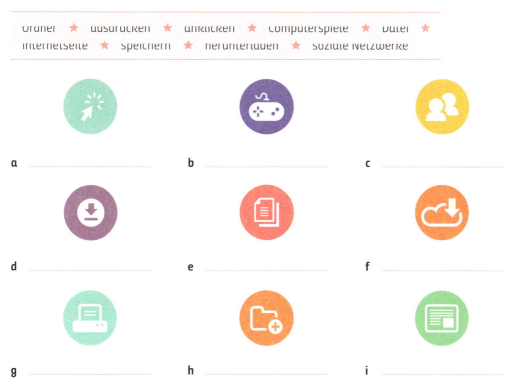

a _____ b _____ c _____

d _____ e _____ f _____

g _____ h _____ i _____

15 Ergänze die Sätze mit sieben Wörtern aus Übung 14 in der richtigen Form. C1

a Schau, ich habe mir eine neue App _____. Damit kann ich Fotos kreativ bearbeiten.

b Wenn du einen Schülerjob suchst, gehst du am besten auf die _____ www.jobsfuerdich.de.

c Oh nein! Das Programm funktioniert nicht mehr, und ich habe meine Arbeit nicht _____!

d Mit den _____ n _____ kann ich ganz leicht mit meinen Freundinnen und Freunden in Kontakt bleiben.

e Welches Zeichen muss ich _____, wenn ich das Bild heller machen will?

f Die Arbeit ist fertig, ich _____ sie nur noch _____. Morgen muss ich sie abgeben.

g Die _____ ist nicht im richtigen Ordner. Ich muss das Suchprogramm starten.

einhunderteinundsechzig 161

D HÖREN: ALLTAGSSPRACHE

16 Was weißt du noch? Lies die Fragen, finde die passenden Antworten und ergänze sie mit einem Genitiv oder einem Relativsatz. D2 KB S. 115

a Wo treffen sich Mia und Niklas?
b Was möchte Niklas kaufen?
c Was meint Mia? Welches Geschenk soll Niklas kaufen?
d Was haben Mia und Felix gemeinsam?
e Warum hat Felix nur kurz mit Mia gesprochen?
f Was möchte Mia von Niklas?

(a) In der Geschirrabteilung, im Untergeschoss (*ein Kaufhaus*) _____.
( ) Die Telefonnummer (*sein Bruder*) _____.
( ) Ein Geschenk zur Hochzeit (*seine Schwester*) _____.
( ) Er tut sich manchmal schwer mit Mädchen, (*er mag sie*) _____.
( ) Ein Geschenk, (*es ist nützlich*) _____: einen Salzstreuer.
( ) Sie interessieren sich für Themen, (*mit Biologie zu tun haben*) _____.

17 Was bedeuten die unterstrichenen Ausdrücke? Ordne zu und ergänze dann den Dialog mit den Ausdrücken aus der linken Spalte. D2

Mit Sport tut er sich schwer	sehr schnell
ich brauche mein Handy dringend	ich brauche keine Hilfe
Schade eigentlich …	mit Geld
Zahlen Sie bar oder mit Karte	es tut mir ein bisschen leid
er hat nach dir gefragt	er hat kleine Probleme mit …
Andererseits …	er wollte Informationen über dich
das geht schon so	wenn man es von der anderen Seite sieht

Verkäuferin: Guten Tag, kann ich Ihnen helfen?
Katja: Ich brauche **a** _____ ein Geburtstagsgeschenk für meinen Bruder.
Verkäuferin: Wir wär's mit einem Sportgerät, einem Fußball vielleicht?
Katja: **b** _____.
Verkäuferin: Dann vielleicht eine schöne Teetasse?
Katja: Ich glaube nicht, dass ihm die rosa Tasse hier gefällt. … **c** _____
d _____ Gibt es die Tassen auch in anderen Farben?
Verkäuferin: Ja, natürlich. Hier, bitteschön.
Katja: Gut, die nehme ich.
Verkäuferin: **e** _____?
Katja: Mit Karte.
Verkäuferin: Brauchen Sie eine Tüte?
Katja: Nein danke, **f** _____.

E GRAMMATIK | Indirekte Fragesätze

18 Sophie war mit ihrer kleinen Schwester Leni im Zoo. Sophie erzählt ihren Eltern, was Leni gefragt hat. Schreib indirekte Fragesätze.

> *Weißt du's noch?* S. 188
> Fragesätze

a „Warum schaut der Löwe so traurig?"
   Leni wollte wissen, warum der Löwe so traurig schaut.

b „Darf ich das Futter von der Springmaus probieren?" (*ob*)
   Leni hat gefragt, ob

c „Welcher Wolf hat Rotkäppchens Großmutter gefressen?"

d „Warum darf ich nicht auf dem Nilpferd reiten?"

e „Ist es den Eisbären nicht zu warm?" (*ob*)

f „Sind die Schlange und die Maus Freunde?" (*ob*)

g „Warum wohnen sie dann zusammen?"

19 Was sagen die Personen? Schreib die Dialoge auf.

Der Kellner fragt den Jungen, ob er etwas essen möchte. Der Junge will wissen, ob es ein billiges Menü gibt.

○ Möchtest du etwas essen?
◆

Sie möchte wissen, wie sie zum Bahnhof kommt. Er fragt sie, ob sie mit dem Bus fahren oder zu Fuß gehen will.

○
◆

Sie will wissen, wann sie die Englischhausaufgabe abgeben müssen. Er fragt sie, ob sie überhaupt eine Hausaufgabe in Englisch bekommen haben.

○
◆

Die Jugendlichen fragen, ob es in der Nähe einen Campingplatz gibt. Der alte Mann fragt sie, ob sie nicht lieber in der Jugendherberge schlafen wollen.

○
◆

Der Junge will wissen, wie spät es ist. Seine Freundin fragt ihn, ob er keine Uhr hat.

○
◆

Max will wissen, ob Amelie den Krimi im Fernsehen sehen will. Amelie fragt, ob sie nicht lieber Musik hören sollen.

○
◆

20 Wer fragt was? Schreib noch einmal indirekte Fragesätze. E2

a Lehrerin: Warum kommst du zu spät, Antonia?
   Die Lehrerin fragt Antonia, warum

b Jakob: Kannst du mir helfen, Anna?

c Simon: Kommt Lara auch auf die Party, Tim?

d Moritz: Haben Sie unsere Tests korrigiert, Herr Specht?

e Frau Kohler: Wie alt bist du, Julia?

f Lukas: Wie spät ist es, Mama?

AUSSPRACHE | Satzmelodie

21 Hör zu und markiere die Satzmelodie. ↗ ↘ → 2/24

a Weißt du, → wann Toms Party beginnt?
   Beginnt sie um fünf oder erst um sechs?
   Ich frage mich, ob Daniel auch eingeladen ist.
   Was meinst du? Kommt Daniel auch?

b Sag mir bitte, was ich anziehen soll.
   Passt die Bluse oder soll ich doch lieber das T-Shirt nehmen?

c Kannst du mir erklären, wie man zu Toms Haus kommt?
   Soll ich den Bus nehmen oder das Fahrrad?

22 Auf dem Bahnhof oder im Supermarkt? Welche Frage passt zu welcher Situation? Ergänze und lies die Sätze laut.

a (*Wissen Sie, ...*) Ist der Zug aus Nürnberg schon angekommen? B
b (*Weißt du, ...*) Wo kann ich eine Einkaufstüte bekommen?
c (*Können Sie mir sagen, ...*) Haben Sie auch Briefpapier?
d (*Können Sie mir zeigen, ...*) Wo kann ich mein Gepäck lassen?
e (*Ich muss herausfinden, ...*) Wie komme ich am schnellsten nach München?

B auf dem Bahnhof
S im Supermarkt

> Wissen Sie, ob der Zug aus Nürnberg schon angekommen ist?

164   einhundertvierundsechzig

f (*Wissen Sie, ...*) Wie viel kostet ein Kilo Kartoffeln?
g (*Weißt du, ...*) Wo ist die Milch?
h (*Ich muss herausfinden, ...*) Wann fährt der EC 234 ab?
i (*Können Sie mir erklären, ...*) Wie macht man die Dose auf?
j (*Zeigen Sie mir bitte, ...*) Wo ist Bahnsteig 12 a?

FERTIGKEITENTRAINING

23 LESEN Sechs Jugendliche wollen im Internet gebrauchte Dinge kaufen. Lies die Anzeigen a–f. Welche Anzeige passt zu welcher Person? Für eine Aufgabe gibt es keine Lösung. Markiere so: X.

1 Matteos Schwester hat bald Geburtstag. Matteo möchte ihr etwas schenken. Seine Schwester kocht gern.
2 Lina sucht ein Trainingsfahrrad für die Wohnung. Sie möchte fit bleiben, aber nicht im Freien trainieren.
3 Emils Onkel sammelt alte Räder, die er anmalt und die er dann in seinem Garten aufstellt.
  Emil sucht ein Geschenk für seinen Onkel.
4 Luca hilft seinen Cousins und Cousinen beim Englischlernen. Er sucht einfache Lesetexte für sie.
5 Claras Bruder hat ein altes Haus gekauft. Clara will ihm Werkzeug für Haus und Garten schenken.
6 Linas Bruder fährt im Urlaub ans Meer. Lina meint, er könnte surfen lernen. Sie will ihm dafür etwas schenken, sie hat aber nur wenig Geld.

Gebraucht aber gut! - Der Internetflohmarkt

a Ich will es nicht wegwerfen!
Kannst du kaputte Dinge reparieren? Bist du ein guter Bastler? Dann ist mein altes Fahrrad vielleicht etwas für dich. Die Reparatur beim Mechaniker ist zu teuer, wegwerfen will ich es aber nicht. Deshalb ist es billig zu haben.
DETAILS

b Damit geht's schneller
Wir haben eine neue Küchenmaschine gekauft. Einen Monat später haben wir dieselbe Küchenmaschine als Geschenk bekommen. Deshalb möchten wir eine verkaufen. Schneiden, hacken, pressen, rühren ... Die Maschine kann einfach alles!
DETAILS

c Pang! Boom!
Ich verkaufe meine Sammlung von englischsprachigen Comic-Heften. Die Hefte sind alle in Ordnung. Ihr solltet euch für alle 500 Hefte interessieren. Ich möchte keine Einzelhefte abgeben.
DETAILS

d Wind und Wasser
Aus Platzgründen muss ich leider meine drei Profi-Surfbretter verkaufen. Ein Brett ist an zwei Stellen repariert, es ist aber dicht und funktioniert problemlos. Ich verkaufe die drei Bretter nur zusammen.
DETAILS

e Fit und gesund
Unser Sohn ist ausgezogen und hat alle seine Fitnessgeräte zurückgelassen. Wir möchten das Zimmer anders nutzen und verkaufen deshalb einen Heimtrainer und eine Kraftbank. Die Geräte sind nicht neu, aber in gutem Zustand.
DETAILS

f Helfer für Haus und Garten
Ich habe mein Haus im Grünen verkauft und ziehe in die Stadt. Deshalb will ich mein Werkzeug für Haus und Garten günstig abgeben. Ich verkaufe alles, was ihr auf den Fotos seht. Auch einzeln.
DETAILS

einhundertfünfundsechzig 165

24 HÖREN Probleme mit Freunden. Hör Toms Sprachnachrichten an Mia. Kreuze an. 🔊 2/25

1 Mit wem war Tom im Kino?
   - a) mit Lukas und Silvia
   - b) mit Martina
   - c) mit Silvia

2 Wie lange war Tom nach dem Kino im Café?
   - a) eine Stunde
   - b) eine halbe Stunde
   - c) von 16:00 bis 18:00 Uhr

3 Was haben Tom und Silvia beim Schulkiosk gemacht?
   - a) Freunde getroffen
   - b) Mathematik gelernt
   - c) Englisch gelernt

4 Wo war Tom am Nachmittag?
   - a) mit dem Fahrrad in der Stadt
   - b) beim Fußballtraining
   - c) bei Silvia

5 Was möchte Tom?
   - a) mit Silvia zum Turnersee fahren
   - b) mit Martina sprechen
   - c) in Mathematik besser sein

6 Warum ruft Martina Tom nicht an? Was glaubst du?
   - a) Sie hat Toms Nachrichten nicht gehört.
   - b) Sie ist böse auf Tom.

HÖREN IN DER PRÜFUNG

Deine Lehrerin oder dein Lehrer kann dir die Texte zu den Hörübungen im Arbeitsbuch geben oder du lädst sie dir unter www.hueber.de/gute-idee herunter. Mit diesen Texten kannst du weitere Hörübungen machen. Hier sind einige Ideen:
- Du kannst den Text lesen und gleichzeitig hören.
- Du kannst hören und den Text laut mitlesen.
- Du kannst mit einem Korrekturstift Wörter oder Satzteile aus dem Text streichen.

Zum Beispiel:
Arbeitet zu zweit. Streicht alle Verben oder jedes sechste Wort im Text eures Partners oder eurer Partnerin. Dann tauscht ihr die Texte. Zwei Tage später hörst du den Text noch einmal und ergänzt die Lücken.

---

25 HÖREN Wer hat wen gefragt? Hör noch einmal und schreib indirekte Fragesätze. 🔊 2/25

a „Gehst du mit mir ins Kino?"
   Silvia hat _____ gefragt,

b „Gehen wir noch etwas trinken?"

c „Kannst du mir die Hausaufgabe in Mathematik erklären?"

d „Habe ich wirklich dein Fahrrad vor Silvias Haus gesehen?"

e „Warum hilfst du Silvia in Mathematik?"

26 SPRECHEN Hör das Gespräch. Nummeriere die Gesprächskarten. Achtung: Vier Karten passen nicht. 🔊 2/26

Fragen zur Person
Internet?

Fragen zur Person
Serie?

Fragen zur Person
Prüfung?

Fragen zur Person
Musik?

Fragen zur Person
Wochenende?

Fragen zur Person
Lieblingsessen?

Fragen zur Person
Freunde?

Fragen zur Person
Sport?

27 SPRECHEN Hör noch einmal und schreib die Fragen zu den Karten auf. Finde dann für alle Karten möglichst viele Fragen. Fragt und antwortet dann. 🔊 2/26

1 Was machst du am Wochenende?

Kennst/Triffst/Hast/Bist/Magst du …?
Was …?
Wann …?
Wo …?
Wie oft …?
Wie gefällt dir / findest du …?
Mit wem …?
Woher …?
Wohin …?
Warum …?
Welcher/Welche/Welches …?

einhundertsiebenundsechzig **167**

23 LERNWORTSCHATZ

A1 reinigen — Wenn mein Fahrrad schmutzig wird, reinige ich es mit Wasser.

A2a stumpf

• Anzug, der, ¨e

kopieren — Die Wissenschaftler kopieren die Natur: Sie machen die Lösungen der Tiere und Pflanzen nach.

(sich) teilen — Ich bin nicht so hungrig. Möchtest du dir eine Pizza teilen?

• Fach, das, ¨er — ○ Was ist dein Lieblingsfach in der Schule? ◆ Biologie.

sich nennen — Die Wissenschaft der Natur nennt sich Biologie.

• Ergebnis, das, -se — Die Ergebnisse des Tests sind gut. Es gibt nur gute Noten.

• Schmutz, der *(Sg.)* — Ich bin im Regen nach Hause gegangen. Jetzt ist viel Schmutz auf meinen Schuhen.

• Trick, der, -s — Ich habe einen Lerntrick: Ich lese neue Wörter vor dem Einschlafen. Dann merke ich sie mir.

senden — Ich habe dir eine Nachricht gesendet. Hast du sie bekommen?

• Haut, die *(Sg.)* — Der Haifisch hat eine glatte Haut. So kann er besonders schnell schwimmen.

• Werkzeug, das, -e

• Ast, der, ¨e

• Vogel, der, ¨ — Leonardo da Vinci wollte das Fliegen von den Vögeln lernen.

A3 • Erfindung, die, -en — Ich glaube, der Computer ist die wichtigste Erfindung des 20. Jahrhunderts.

• Modell, das, -e — Das Modell für das Flugzeug ist der Flug des Vogels.

B1c • Spielzeug, das, -e — Das Lieblingsspielzeug von meinem kleinen Bruder ist ein Holzpferd.

• Tüte, die, -n

virtuell — In meinem Lieblingscomputerspiel kann man eine virtuelle Welt bauen. Die Welt gibt es nur im Computer.

B1d nützlich — Der Kühlschrank ist eine sehr nützliche Erfindung. Er macht das Leben viel einfacher.

B1e neugierig — Mein kleiner Bruder ist sehr neugierig. Er will immer wissen, was ich mache.

• Rolle, die, -n

• Gummistiefel, der, -

hart

≠ weich

LERNWORTSCHATZ 23

- Tasse, die, -n
- Fleck, der, -en

B2c
- (Roll-)Treppe, die, -n

C1a — Computer 1
- Monitor, der, -e
- Drucker, der, -
- Tastatur, die, -en
- USB-Stick, der, -s
- Scanner, der, -
- Maus, die, ¨e
- Laptop, der, -s
- Tablet, das, -s

C1c — Computer 2
- Datei, die, -en
- Ordner, der, -
- soziale Netzwerk, das, -e
- Internetseite, die, -n
- (aus)drucken
- anklicken
- herunterladen
- speichern
- online
- chatten
- surfen

D1
- Ausgang, der, ¨e — ≠ Eingang
- Parkhaus, das, ¨er — ○ Wo habt ihr das Auto geparkt? ◆ Im Parkhaus.
- Erdgeschoss, das, -e — Der Eingang des Kaufhauses ist im Erdgeschoss.
- Stock, der, - — Ich wohne im dritten Stock. Ich muss jeden Tag Treppen steigen.
- Kosmetik, die (Sg.) — ○ Wo finde ich hier ein Shampoo? ◆ Im ersten Stock bei der Kosmetik.

D2c bar
- Kreditkarte, die, -n

E3 (sich) erinnern — ○ Kannst du dich an deinen fünften Geburtstag erinnern? ◆ Ja, das weiß ich noch gut!

⊕1a
- Knochen, der, -

einhundertneunundsechzig **169**

24 Wo liegt Atlantis?

A TEXT

1 Was weißt du noch? Finde 13 Wörter und ergänze den Text.

stadtmauern kaufmann wissen entdeckung suchen lieber liest troja sprachen verdient menschen beginnt studieren

Heinrich Schliemann ist 45 Jahre alt und **a** ....
von Beruf. Er **b** .... viel Geld. Doch er möchte
c .... Wissenschaftler sein. Deshalb **d** .... er im Jahr 1866
in Paris **e** .... und Philosophie zu **f** ....
Er **g** .... Homers Geschichten, und er beschließt, die Stadt **h** ....
zu **i** .... In der Nähe von Hisarlik entdeckt Schliemann Trojas **j** ....
und findet auch die Schatzkammer des trojanischen Königs Priamos. Hundertfünfzig Jahre nach der
k .... Schliemanns arbeiten heute noch immer Archäologen in Hisarlik. Sie
möchten **l** .... , wie die **m** .... in der Antike gelebt haben.

B WORTSCHATZ | Wörter durch den Kontext verstehen, Wortbildung

2 Lies die Sätze. Welche Wortart ist das unterstrichene Wort? Ordne zu.

N Nomen ★ **V** Verb ★ **Adj** Adjektiv ★ ~~**Adv** Adverb~~ ★ **P** Präposition

a Homers Geschichten berichten von einem <u>langen</u> Krieg um die Stadt Troja. ◯
b Im Jahr 1871 findet Schliemann in der <u>Nähe</u> von Hisarlik Trojas Stadtmauern. ◯
c Hisarlik liegt <u>in</u> der Türkei. ◯
d Auch <u>heute</u> noch gibt es Ausgrabungen in Hisarlik. (Adv)
e Ob es den trojanischen Krieg wirklich <u>gegeben</u> hat, wissen die Forscher nicht genau. ◯

24

3 Lies den Text. Ignoriere beim Lesen die markierten (= unbekannten) Wörter. Beantworte dann die Fragen. B3

a Was ist das Thema der Fernsehdokumentation? _____
b Wer ist Ötzi? _____
c Was wissen wir über Ötzi? _____
d Welche Geschichte war für die Journalisten besonders interessant?
_____

☰ Ötzi und die Journalisten   Fernsehdokumentation, Montag 21:05 Uhr

Südtirol (Italien), 1994: Erika und Helmut Simon finden in einem **a** Gletscher in den Alpen den Körper eines toten Menschen. Der **b** Fund ist eine Sensation: Wissenschaftler **c** stellen fest, dass die **d** Leiche aus dem Gletschereis mehr als 5.000 Jahre alt ist. Zeitungen und Fernsehsender berichten monatelang von „Ötzi", dem Gletschermann. Sie finden ein begeistertes Publikum für ihre Geschichten. Die Forscher, die
5 Ötzi **e** untersuchen, können den Journalisten **f** anfangs auch interessante Informationen präsentieren. So wissen wir heute, wie Ötzi gelebt hat, woher er kam und welchen Beruf er hatte. Sogar die Geschichte seines Unfalltodes können die Wissenschaftler **g** detailgenau nacherzählen.
Doch das ist den Journalisten zu wenig. In den zehn Jahren nach dem Fund sterben sieben Menschen, die mit Ötzi **h** zu tun hatten. So auch der **i** Hobby-Alpinist Helmut Simon, der im Jahr 2004 bei einem Berg-
10 unglück **j** ums Leben kommt. Das sind genau die Informationen, die die Journalisten für ihre Geschichten brauchen. Eine ähnliche Sensationsgeschichte **k** gab es nämlich schon 1922: Der britische Archäologe Howard Carter fand damals das **l** Grab des ägyptischen Pharaos Tutanchamun. Auch danach starben Menschen, die mit dem Grab des Pharaos zu tun hatten. Einige Journalisten sind sicher: So wie Tutanchamuns Geist bringt auch Ötzis Geist Unglück.
15 Die Fernsehdokumentation erzählt die interessantesten Geschichten rund um Ötzi, den Mann aus der **m** Bronzezeit, und versucht, die Grenzen zwischen Wirklichkeit und journalistischer **n** Fantasie aufzuzeigen.

4 Kannst du die Wörter a–n in Übung **3** verstehen? Finde die Wortart, ordne zu und übersetze. Für vier Wörter gibt es keine Erklärung. B3

Wort	Wortart	Übersetzung	Erklärung
			ein toter Körper
			am Beginn
a	Nomen		Eis und Schnee in den Bergen, die das ganze Jahr liegen bleiben
			eine Sache, die gefunden wird
			sagen
			Präteritum von *geben*
			Platz für tote Menschen
			Ideen und Bilder, die es in der Realität nicht gibt
			sehr genau
			erforschen

einhunderteinundsiebzig **171**

5 Finde die zusammengesetzten Wörter im Text in Übung **3**.

a das Eis eines Gletschers = Gletschereis
b der Mann aus dem Gletscher = _____
c der Tod bei einem Unfall = _____
d ein Unglück auf einem Berg = _____
e eine Geschichte, die sensationell ist = _____
f eine Dokumentation für das Fernsehen = _____
g in dieser Zeit haben die Menschen das Metall Bronze entdeckt = _____
h jemand, der Bergsteigen zu seinem Hobby gemacht hat = _____

6 Finde zu den Verben sieben Nomen mit *-er*, *-in* und *-ung* und markiere sie.

entscheiden · kopieren · verlieren · ändern · entschuldigen · wählen · beantworten

O	W	U	L	K	I	H	Z	M	P	V	E	R	L	I	E	R	E	R	L	T
W	Ä	N	D	E	R	U	N	G	Z	T	F	S	A	L	E	R	Ö	E	T	W
Q	H	G	E	N	T	S	C	H	U	L	D	I	G	U	N	G	E	R	P	I
T	L	H	W	Ä	H	L	E	R	I	N	A	K	O	P	I	E	R	E	R	A
B	E	A	N	T	W	O	R	T	U	N	G	S	A	Z	H	J	K	L	A	J
Z	R	N	K	Ä	U	I	E	N	T	S	C	H	E	I	D	U	N	G	S	E

7 Sag es anders. Ergänze die Sätze mit den Nomen aus Übung **6** in der richtigen Form.

a 400 Millionen Menschen wählen alle fünf Jahre das EU-Parlament.
   400 Millionen _____ und _____ gehen alle fünf Jahre zur EU-Wahl.

b Wenn du krank bist, musst du dich in der Schule entschuldigen.
   Wenn du krank bist, brauchst du für die Schule eine _____.

c Wir möchten die Regeln für das Spiel nicht ändern.
   Wir möchten keine _____ der Spielregeln.

d Wir hatten beim Fußballspiel keine Chance. Wir haben verloren.
   Wir hatten keine Chance. Wir waren die _____.

e Beantwortet die Fragen und schreibt dann den Text.
   Schreibt den Text nach der _____ der Fragen.

f Ich komme gleich. Ich muss nur noch etwas kopieren.
   Ich komme gleich. Ich muss nur noch zum _____.

g Bitte entscheide dich, wir warten.
   Und, wie ist deine _____? Wir warten immer noch.

172 einhundertzweiundsiebzig

C GRAMMATIK | Infinitivsätze

8 Lies den Reisebericht. Welche Entdeckungsreise in **C1 b** im Kursbuch passt zu dem Bericht?

... Ich habe vor, heute Abend mit der Mannschaft zu sprechen. Aber es ist schwierig, noch vernünftige und mutige Männer zu finden. Die meisten haben Angst weiterzusegeln. Der Kapitän hat verboten, von Rückkehr zu sprechen. Aber so etwas kann man nicht verbieten. Auch der Kapitän der Pinta hat angefangen, gegen unsere Pläne zu arbeiten. Ich glaube, er hat beschlossen, nicht mehr lange mitzumachen. Jetzt spielt auch noch der Kompass verrückt. Er zeigt nicht mehr nach Norden. Der Kapitän hat Schwierigkeiten, das der Mannschaft zu erklären. Für uns Offiziere ist es jetzt notwendig, uns auf Probleme mit der Mannschaft vorzubereiten. Lange schaffen wir es nicht mehr, alle an Bord ruhig zu halten. Heute am Morgen habe ich über dem Schiff einen Vogel gesehen. Das gibt Hoffnung. Der Kapitän ist jetzt sicher, bald Land zu entdecken. Vielleicht ist es ja doch möglich, Indien auf dem Seeweg zu erreichen. ...

Entdeckungsreise:

9 Lies den Text in Übung **8** noch einmal. Nach welchen Verben kommt ein Infinitiv mit *zu*? Unterstreiche diese elf Verben. Unterstreiche auch die Infinitive mit *zu*. Ergänze dann die Tabelle.

> **GRAMMATIK**
>
> Ein Infinitiv mit *zu* steht oft nach
> · bestimmten Verben (*versuchen, anfangen* ...),
> · nach bestimmten Konstruktionen mit *haben* (*Lust haben* ...) und
> · nach bestimmten Konstruktionen mit *es* (*Es ist schön / wichtig* ...).
> Bei trennbaren Verben steht *zu* zwischen beiden Verbteilen:
> *anfangen → anzufangen.*
> Wenn nach einem Verb ein Infinitiv mit *zu* stehen kann, solltest du das in deinem Vokabelheft notieren.
> Zum Beispiel:
>
> *versuchen (zu + Inf.), anfangen (zu + Inf.) ...*

Verben + Infinitiv mit *zu*	Konstruktionen mit *haben* + Infinitiv mit *zu*	Konstruktionen mit *es* + Infinitiv mit *zu*
Ich habe vor, ... zu sprechen.	Die meisten haben Angst weiterzusegeln.	Es ist schwierig, ... zu finden.

einhundertdreiundsiebzig 173

10 Was stimmt für dich? Ordne zu und schreib vier Sätze, die zu dir passen.

🙂 Es muss toll/interessant/super/wunderbar … sein, …

☹ Es ist langweilig/anstrengend/schwierig/schrecklich …, …

noch eine Fremdsprache lernen ★ die ganze Nacht aufbleiben ★ bei der Mathematik-Olympiade mitmachen ★ auf kleine Kinder aufpassen ★ mit einem Popstar ausgehen ★ mit einer Politikerin / einem Politiker diskutieren ★ als Journalist/-in bei einer Zeitung arbeiten ★ Polizist/-in sein ★ in einem Zoo mithelfen ★ acht Stunden lang ohne Pause fernsehen ★ in einem Chor singen

11 Ordne zu und ergänze *zu* an der passenden Stelle.

		Aktion
a	Hört doch auf, …	auf ihre kleine Schwester auf*zu*passen.
b	Ich habe Angst, …	in der Nacht über den Friedhof gehen.
c	Amelie hat versprochen, …	im Unterricht essen.
d	Ich erlaube meinem kleinen Bruder nicht, …	sein Moped reparieren.
e	Meine Eltern haben vor, …	für unsere Familie ein neues Haus bauen.
f	Mark hilft meinem Bruder, …	auf meinem Laptop Computerspiele spielen.

12 Sag es anders. Finde die richtigen Verben und schreib Sätze.
Die unterstrichenen Satzteile sind die Infinitivkonstruktionen mit *zu*.

Zeit haben ★ versprechen ★ keine Lust haben ★ ~~vorhaben~~ ★ helfen ★ Angst haben

a Ich nehme nächsten Monat an einem Schachturnier teil. Morgen gebe ich das Anmeldeformular ab.
   Ich habe vor, nächsten Monat

b Nein, ich spiele nicht mit. Ich mag nicht.
   Ich habe

c Morgen haben wir frei. Da kann ich endlich die Einladungen für meine Party schreiben.
   Morgen habe ich

d Du musst das Geschirr nicht alleine abwaschen. Ich kann auch etwas machen.
   Ich   dir,

e Morgen ist ein Mathetest. Ich bin sehr nervös, obwohl ich noch nie eine schlechte Note bekommen habe.
   Ich habe

f Ich habe meiner kleinen Schwester gesagt, heute Nachmittag gehe ich ganz sicher mit ihr ins Kino.
   Ich   meiner kleinen Schwester   , mit ihr

D HÖREN: ALLTAGSSPRACHE

13 Was weißt du noch? Ordne die Situationen 1–4 den Dialogteilen a–d zu. D1 KB S. 123

1. Ella weiß nicht, wer Odysseus ist.
2. Eros interessiert sich für Ella.
3. Eros gibt Ella einen neuen Namen.
4. Finn meint, Ella soll vorsichtig sein.

a ◯ Finn: Gut, liebe Schwester. Pass schön auf dich auf.
Ella: Ja, ja, du auch. Tschüss.

b ◯ Ella: Er bringt mir Weintrauben.
Finn: So fängt es an.
Ella: Na und? Ich mag Eros.

c ◯ Ella: Ich bin in Ithaka.
Finn: Oh, die Heimatinsel von Odysseus.
Ella: Von wem?
Finn: Von Odysseus, das ist der mit dem Pferd.

d ◯ Finn: Wie nennt er dich?
Ella: Die schöne Helena.

14 Ergänze den Dialog mit den unterstrichenen Ausdrücken aus Übung 13. D1

Felix: Ich habe gestern Laura und Diego gesehen.
Mika: Diego? **a** ...., oder?
Felix: Ja, genau. Ihr Reitlehrer.
Mika: Wo hast du sie denn gesehen?
Felix: Im Eissalon. Er hat sie zu einem Eis eingeladen.
Mika: **b** .... Glaubst du, dass sie ihn mag?
Felix: Ich weiß nicht, aber er nennt sie „Tesoro".
Mika: **c** .... sie?
Felix: Tesoro, das heißt Schatz auf Spanisch, glaube ich. Beim Abschied hat er dann zu ihr gesagt:
d „..!"
Mika: Und was soll das heißen?
Felix: Weiß ich nicht. … Laura ist **deine** Cousine.

einhundertfünfundsiebzig 175

E GRAMMATIK | Verben mit Dativ und Akkusativ

15 Wer leiht, schenkt, zeigt hier wem was? Schreib *Wer? Wem?* oder *Was?* in die Kästchen. E1

a Caro: (Wer?) Ich muss am Wochenende (Wem?) einem Verwandten (Was?) die Stadt zeigen. Wohin sollen wir gehen? Was meint ihr?

b Max: Ich muss auf meine zwei kleinen Schwestern aufpassen. ( ) Ich habe ( ) ihnen ( ) eine Gute-Nacht-Geschichte erzählt, aber sie schlafen immer noch nicht. Was soll ich jetzt tun?

c Jonas: ( ) Ich möchte ( ) meiner Cousine ( ) ein Buch zum Geburtstag schenken. Sie ist elf. Was lesen Elfjährige? Hat jemand eine Idee?

d Felix: ( ) Ich habe ( ) einem Jungen aus meiner Schule ( ) meine Kopfhörer geliehen und ( ) er gibt ( ) sie ( ) mir nicht zurück. Was soll ich tun? Er ist größer und stärker als ich.

e Lara: ( ) Ich möchte ( ) meiner Tante ( ) einen Fernsehsessel schicken. Ich will ihn mit der Post schicken. Hat jemand eine bessere Idee?

f Sarah: Kennt jemand gute Erklärvideos für Chemie? ( ) Mein Freund hat ( ) mir heute ( ) das Periodensystem erklärt. Ich verstehe es aber immer noch nicht ganz.

g Ronja: ( ) Meine Schwester muss ( ) meinem Großvater ( ) Schokolade aus dem Supermarkt holen. ( ) Sie bringt ( ) sie ( ) ihm dann ins Krankenhaus. Er soll aber keine Schokolade essen. Was kann man da tun?

h Sebastian: Ich will unbedingt zu dem Konzert am Wochenende. Ich habe kein Geld und ( ) meine Eltern bezahlen ( ) mir ( ) die Einrittskarten nicht. Was kann ich tun?

16 Schreib die zehn Verben mit Dativ und Akkusativ aus Übung 15 in die Tabelle. E1

Verben mit der Bedeutung *geben* bzw. *nehmen*	Verben mit der Bedeutung *sagen*
schenken,	

17 Welche Situationen aus Übung 15 sind gemeint? Ersetze die Pronomen durch Nomen. E1

a Er möchte es ihr schenken.

b Er gibt sie ihm nicht zurück.

c Er hat sie ihnen erzählt.

d Sie muss sie ihm holen.

e Er hat es mir erklärt.

f Sie bezahlen sie mir nicht.

g Ich muss ihn ihr schicken.

h Er hat sie ihm geliehen.

i Sie muss sie ihm zeigen. — *Caro muss einem Verwandten die Stadt zeigen.*

18 Welches Diagramm A oder B passt zum Dialog? Hör zu und kreuze an.

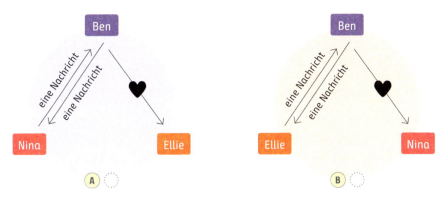

A ○   B ○

19 Was passt? Hör noch einmal. Streich die Pronomen durch und schreib die richtigen Namen.

a Er _____ wollte ~~ihr~~ Ellie eine Nachricht schreiben, aber er hat ihr _____ eine Nachricht geschrieben.

b Er _____ hat ihr _____ ein Computerspiel geliehen.

c Er _____ möchte ihr _____ seine Computerspiele zeigen.

d Sie _____ hat ihm _____ eine Nachricht zurückgeschrieben.

e Sie _____ schreibt, er _____ muss ihr _____ seine Computerspiele nicht zeigen.

20 Ergänze die Dialoge mit den richtigen Pronomen.

○ Hier ist das Buch für Mark. Bringst du es ihm ?

◆ Klar, mache ich.

○ Hast du Tara schon das T-Shirt zurückgegeben?

◆ Nein, aber ich bringe _____ morgen.

○ Kannst du mir Justins Handynummer geben?

◆ Ja, einen Moment, ich gebe _____ sofort.

○ Haben Merle und Tom das Mathematikproblem verstanden?

◆ Ja, er hat _____ gut erklärt.

○ Könntest du mir deinen Kugelschreiber leihen?

◆ Ja, ich gebe _____ sofort, ich muss nur noch hier unterschreiben.

○ Max braucht für die Pizza noch eine Dose Fisch.

◆ Gut, ich hole _____ gleich.

> **WORTSCHATZ**
>
> Bei Verben mit der Bedeutung *geben*, *nehmen* oder *sagen* stehen sehr oft ein Dativ und ein Akkusativ. Der Dativ steht dann für die Person, der Akkusativ steht für eine Sache. Achte auch auf die Reihenfolge von Dativ und Akkusativ im Satz!
>
> Zum Beispiel: Robin gibt mir   das Buch . Er gibt es   mir .

einhundertsiebenundsiebzig **177**

AUSSPRACHE | r, l und n

21 Hörst du r, l oder n? Kreuze an. 🔊 2/28

	a	b	c	d	e	f	g	h	i	j	k	l
r	○	○	○	○	○	○	○	○	○	○	○	○
l	○	○	○	○	○	○	○	○	○	○	○	○
n	○	○	○	○	○	○	○	○	○	○	○	○

22 Hör zu und ergänze r, l oder n. Hör dann noch einmal und sprich nach. 🔊 2/29

Zah○ – Zah○   b○aun – b○au   ○inks – ○echts
○ass – ○assen   füh○en – füh○en   vo○ – vo○
Sch○ank – sch○ank ○eich – ○eicht   ○ücken – ○ücken

> **AUSSPRACHE**
> Sprich „nnnnnnnn". Halte jetzt die Nase zu. Aus „nnnnnnn" wird „llllllll".
> Zu /r/ siehe auch Arbeitsbuch A1, Lektion 12 (S. 149).

23 Ergänze r, l, oder n. Hör dann zu und sprich nach.
Fünf Wörter passen nicht zu den Nomen. Streiche diese Wörter durch. 🔊 2/30

○etzte ○acht   die ○ichtige ○ösung
ei○ he○○es ○icht   ei○ t○au○iges Fah○○ad
ei○ ~~frischer~~ Fi○m   d○eihunderd○eißig G○ad im F○üh○ing
ei○ ○anges ○eben   ei○ schwie○iges ○ätse○
ei○e b○aue B○ume   ei○e ○eue B○use
ei○ ○undes Quad○at   ei○ g○ü○ge○bes ○äche○n

FERTIGKEITENTRAINING

24 SPRECHEN Lies die vier Karten. Hör dann das Prüfungsgespräch. Welche Karte hat Adnan von der Prüferin bekommen? Kreuze an. 2/31

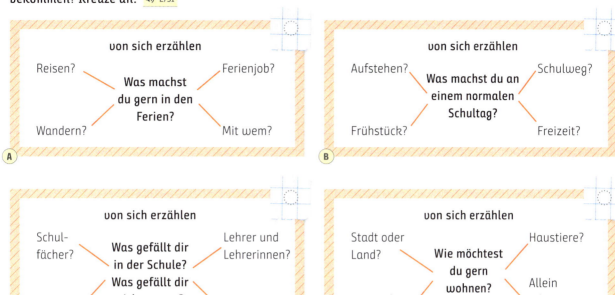

25 SPRECHEN Was sagt Adnan? Hör noch einmal und verbinde. 2/31

1 Mein Lieblingsfach ist …
2 Ich finde, dass …
3 Ich hätte gern …
4 Deutsch finde ich …
5 Wir machen oft Projekte. Das …
6 Es ist schön, wenn …
7 Vielleicht werde ich …
8 Eigentlich weiß ich noch nicht, was …

a Mathematik
b Sport.
c mag ich nicht so gern.
d mehr Projekte.
e drei Sportstunden nicht genug sind.
f ich machen werde.
g man Freunde in der Schule hat.
h mehr Sport.
i gefällt mir.
j Deutschlehrer.
k interessant.
l Basketballtrainer.

26 SPRECHEN
Lies die Redemittel. Welche passen zu Karte **A**, welche passen zu Karte **D** auf Seite 179? Ergänze **A** oder **D**.

1. **D** Ich wohne lieber in der Stadt / auf dem Land ... als ...
2. ◯ Ich fahre gern ans Meer / in die Berge / nach Italien ...
3. ◯ Wandern/Schwimmen/Tauchen ... finde ich interessant/toll / nicht so gut ...
4. ◯ In der Stadt / Auf dem Land kann man ...
5. ◯ Ich faulenze/lese ... lieber.
6. ◯ Am liebsten würde ich in einem Haus / einer Wohnung ... wohnen.
7. ◯ Für mich ist es wichtig/interessant/notwendig ..., einen guten Ferienjob zu finden / Spaß zu haben ...
8. ◯ Ich hätte gern einen Garten / einen Hund ...
9. ◯ Ich bin in den Ferien gern mit meiner Familie / mit meinen Freunden ... zusammen.
10. ◯ Ich möchte gern mit meiner Familie / alleine ... wohnen. Das ist ...

27 SPRECHEN
Wähl eine Karte aus Übung **24**. Was könntest du über dich erzählen? Mach Notizen und nimm dich dann mit deinem Handy auf.

28 SPRECHEN
Ihr wollt in dieser Woche nachmittags eure gemeinsame Ferienreise planen. Findet einen Termin. Partnerin/Partner **A** benutzt den Terminkalender auf dieser Seite, Partnerin/Partner **B** den Terminkalender auf Seite 191.

Wollen wir zusammen unsere Ferienreise planen? Hast du Lust?
Ja, das ist eine gute Idee. Wann hast du Zeit?
Geht es am ... um ...?
Leider nicht, da kann ich nicht, da ...
Könntest du ...?
Nein, leider. Ich habe ... gesagt, dass ich ganz sicher ...
Aber am ... habe ich Zeit.
Gut, dann komme ich am ... um ... zu dir und wir ... zusammen.

PARTNERIN/PARTNER	A
Montag	15:00 babysitten (Tim)
Dienstag	16:00 Training
Mittwoch	Fahrrad reparieren
Donnerstag	16:00 Uhr Training
Freitag	15:00 babysitten (Tim)
Samstag	???

29 SPRECHEN
Daniel, dein Freund aus Deutschland, will dich in deiner Heimatstadt besuchen. Was will Daniel in seiner E-Mail wissen? Unterstreiche seine Fragen.

An:
Betreff: Besuch

Hallo ...,

bald ist es so weit. Nächste Woche sehen wir uns. Ich freue mich schon riesig! Übrigens, wie ist das Wetter bei euch? Was soll ich einpacken? Sind T-Shirts und Jeans okay oder brauche ich auch warme Sachen? Weißt du schon, was wir machen, wenn ich bei euch bin? Wir haben ja eine Woche Zeit, und ich will alles sehen! 🙂 Ich komme am Freitag um 19:00 Uhr am Bahnhof an. Wie komme ich zu dir nach Hause? Kannst du mich abholen? Wenn du keine Zeit hast, schick mir bitte eine Wegbeschreibung.

Bis bald
Daniel

30 SCHREIBEN Schreib Daniel eine E-Mail:

- Sag, dass du dich auch freust.
- Sag, dass das Wetter sehr schön ist.
- Mach Vorschläge für Aktivitäten.
- Sag, dass du ihn abholst.
- Frag nach einem Foto von Daniel.

Schreib etwas zu allen fünf Punkten.

An:
Betreff:

SCHREIBEN IN DER PRÜFUNG

Nach dem Schreiben solltest du deinen Text noch einmal gut durchlesen. Denk dabei an diese Fragen:
- Habe ich zu allen Inhaltspunkten etwas geschrieben? Habe ich alle Fragen beantwortet?
- Können die Leser meinen Text verstehen? Muss ich etwas ergänzen oder klarer machen?
- Ist mein Text für meine Leser interessant? Kann ich den Text interessanter machen?
- Welche Grammatikfehler mache ich oft? Habe ich diese Fehler jetzt auch gemacht?
- Habe ich die richtigen Worte gefunden? Kann ich etwas mit anderen Worten besser sagen?

LERNWORTSCHATZ

A1a
- Ehemann, der, ⸚er
- Ehefrau, die, -en

○ Ist das die Freundin von Herrn Kastner?
◆ Nein, das ist seine Ehefrau. Sie sind verheiratet.

klug

Odysseus hat immer gute Ideen. Er ist der klügste Held der Antike.

A2a zerstören
- Zerstörung, die, -en

Troja war früher eine wunderschöne Stadt. Dann wurde sie im Krieg zerstört.

A2b riesig

Russland ist ein riesiges Land. Es ist das größte Land der Welt.

- Grieche, der, -n
- Griechin, die, -nen

Anastasia kommt aus Athen. Sie ist Griechin.

beschließen

Heinrich Schliemann hat einen Plan: Er beschließt, Troja zu finden.

faszinieren

Ich interessiere mich sehr für Geschichte. Geschichte fasziniert mich.

- Hügel, der, -

= ein kleiner Berg

graben

B2a zu·schauen

Das Fußballstadion war voll mit Fans. 20 000 Menschen haben dem Spiel zugeschaut.

B2b prüfen

Ich glaube, mein Fahrrad ist kaputt. Ich muss prüfen, ob es funktioniert.

- Prüfer, der, -
- Prüferin, die, -nen

○ Wie war deine Mathematikprüfung?
◆ Ganz gut, aber die Prüferin war sehr streng.

B2d
- Mauer, die, -n (B1)

- Schatz, der, ⸚e

B3a vermuten

Manche Menschen vermuten Atlantis am Meeresboden. Aber niemand weiß, ob es die Stadt wirklich gegeben hat.

reich

Der König war ein sehr reicher Mann. Er hatte ein Schloss voll mit Gold.

allerdings

Ich komme gerne zu deiner Party. Allerdings kann ich nicht lange bleiben.

- Lügner, der, -

Alex ist ein Lügner. Was er sagt, ist falsch.

- Erfolg, der, -e

Die Forscher haben Erfolg: Sie finden die alte Stadt.

- Gold, das *(Sg.)*

wertvoll

○ Ist deine Uhr wertvoll?
◆ Nein, sie war ganz billig.

retten

Der Regenwald ist in Gefahr. Wissenschaftler wollen ihn retten.

C1b versuchen

○ Hast du dein Fahrrad repariert?
◆ Ich habe es versucht, aber es ist immer noch kaputt.

182   einhundertzweiundachtzig

LERNWORTSCHATZ

	fort·setzen		Die Forscherinnen und Forscher machen eine Pause. Dann setzen sie ihre Arbeit fort.
	versprechen		Wo ist Elisabeth? Sie hat versprochen, mir beim Aufräumen zu helfen!
	vor·haben		○ Hast du Pläne fürs Wochenende? ♦ Ich habe vor, ins Schwimmbad zu gehen.
C1c	teil·nehmen		An dem Turnier nehmen zehn Mannschaften teil.
D1a	sich verlieben		Romeo und Julia verlieben sich. Sie werden ein Paar.
D1f	• Beziehung, die, -en		○ Wie ist die Beziehung zwischen Helena und Menelaos? ♦ Sie sind verheiratet. Aber Helena verliebt sich in Paris.
E1a	• Schirm, der, -e		Es ist so heiß, mach doch bitte den Sonnenschirm auf.
E1b	sauer		Die Weintraube schmeckt sehr sauer. Ich glaube, sie muss noch süßer werden.
⊕1a	unternehmen		○ Möchtest du gemeinsam etwas unternehmen? ♦ Ja! Wir könnten ins Kino gehen.
	männlich		Es gab nicht nur männliche Entdecker. Auch Frauen reisten um die Welt.

23 + 24 | MODUL-PLUS

LL1a	transportieren		Das Schiff transportiert Lebensmittel über den Fluss.
P1a	• Smartphone, das, -s		= Handy
	• Schere, die, -n		Kannst du mir die Schere geben? Ich muss Karten für die Präsentation schneiden.

einhundertdreiundachtzig 183

TEST 23+24

1 GRAMMATIK Schreib Relativsätze.

a Die Familie, *(sie wohnt neben uns)* die neben uns wohnt , heißt Schmidt.

b Der Vater, *(er fährt jeden Tag mit dem Auto zur Arbeit)* _____, ist Techniker von Beruf.

c Die Mutter, *(sie ist eine gute Freundin meiner Mutter)* _____, ist Musikerin.

d Die Kinder, *(sie gehen in dieselbe Schule wie ich)* _____, heißen Max und Eva.

e Max, *(er ist zwei Jahre älter als ich)* _____, ist der Freund meiner Schwester.

f Eva, *(sie ist so alt wie ich)* _____, fährt gern Cartrennen.

von 5

2 GRAMMATIK Schreib Genitive.

a die Erfindung *(das Radio)* des Radios
b die Entdeckung *(die Titanic)* _____
c die Lösung *(die Aufgaben)* _____
d der Anfang *(das Projekt)* _____
e der Bau *(der Eiffelturm)* _____
f die Sensation *(der Tag)* _____
g das Ende *(die Expedition)* _____
h die Geschichte *(der Fußball)* _____

von 7

3 GRAMMATIK Wer fragt was? Schreib indirekte Fragesätze.

a Philipp: „Wann ist der Physiktest?"
Philipp fragt Lina, wann der Physiktest ist.

b Anna: „Wie viel kostet der Tanzkurs?"
Anna will von Finn wissen, _____

c Ben: „Hast du die Mathehausaufgabe gemacht?"
Ben fragt Amelie, _____

d David: „Findet der Wandertag auch bei Regen statt?"
David fragt Herrn Schuster, _____

e Sophia: „Welches Buch müssen wir für Englisch lesen?"
Sophia will von Clara wissen, _____

von 4

4 GRAMMATIK Ordne zu und ergänze *zu* vor dem Infinitiv. Achtung: Manchmal kommt kein *zu*. Schreib dann /.

a Emily hat leider keine Zeit,   auf___ räumen.
b Zoes Eltern haben vor, ein Haus   mit___ spielen.
c Samuel soll nächste Woche nach Wien   mit ihren Freunden ins Kino _zu_ gehen.
d Anna hat keine Lust, in Marks Band   Klavier ___ üben.
e Luisa darf nicht nach 22:00 Uhr   ___ bauen.
f Mila hilft Paul, nach der Party   ___ fahren.

von 5

184 einhundertvierundachtzig

23 + 24 TEST

5 WORTSCHATZ **Finde die Wörter und ergänze die Sätze.**

a Auf einem USB-Stick kann man Dateien *(epihcsren)* _____.
b Auf dem *(ooirMnt)* _____ zeigt der Computer Dateien an.
c Auf der *(saTuattr)* _____ schreibt man Texte.
d Mit der *(asuM)* _____ klickt man auf dem Monitor Symbole an.
e Dateien speichert man in einem *(rndeOr)* _____.
f Mit einem Drucker kann man Dateien *(druauscken)* _____.
g *(ziSoale kewerNetz)* _____ helfen uns, in Kontakt zu bleiben.

von 7

6 WORTSCHATZ **Verben mit Akkusativ und Dativ. Ergänze.**

erzählen ★ leihen ★ zurückgeben ★ schicken ★ erklären ★ zeigen

Verben mit der Bedeutung „sagen"

a Noah _____ ^Wem?^ Emilia ^Was?^ die Mathematikhausaufgabe.
b Der Großvater _____ ^Wem?^ seinen Enkelkindern ^Was?^ eine Geschichte.
c Matteo will ^Wem?^ seinen Freunden am Nachmittag ^Was?^ die Stadt _____.

Verben mit der Bedeutung „geben" oder „nehmen"

d Anna _____ ^Wem?^ ihrem Bruder ^Was?^ ihre Kopfhörer.
e Tims Mutter _____ ^Wem?^ ihm zum Geburtstag ^Was?^ ein Paket mit Geschenken.
f Kannst du ^Wem?^ mir morgen ^Was?^ meine Kamera _____? Du hast sie schon eine Woche.

von 6

7 ALLTAGSSPRACHE **Ergänze.**

dringend ★ das ist der mit ★ so fängt es an ★
zahlst du bar oder mit Karte ★ schade eigentlich

a ○ Tom holt Maja ab.
  ◆ Wer ist Tom?
  ○ Na, _____ dem Cabrio.
b ○ _____? ◆ Ups, ich habe gar kein Geld dabei.
c ○ Pia kommt nicht zur Party.
  ◆ _____, ich finde sie nett.
d ○ Leihst du mir dein Handy? Ich muss _____ telefonieren.
e ○ Ich habe heute zwei Stunden lang Computerspiele gespielt.
  ◆ _____, morgen sind es drei Stunden.

von 5

G	W	A	Wie gut bist du schon?
17–21	11–13	5	☺ Sehr gut!
12–16	8–10	3–4	☺ Okay!
0–11	0–7	0–2	☹ Na ja. Das übe ich noch.

GRAMMATIK-WIEDERHOLUNG — Weißt du's noch?

1 Verb

a Konjugation Präsens

	bekommen
ich	bekomm**e**
du	bekomm**st**
er, es, sie, man	bekomm**t**
wir	bekomm**en**
ihr	bekomm**t**
sie, Sie	bekomm**en**

> Bekommst du Taschengeld?

Negation

nicht: Der Kugelschreiber schreibt nicht.

kein: Ich habe keine Briefmarke.

KB S. 32

KB S. 9

b Modalverben

	müssen	können	wollen	dürfen	mögen	sollen
ich	muss	kann	will	darf	mag	soll
du	musst	kannst	willst	darfst	magst	sollst
er, es, sie, man	muss	kann	will	darf	mag	soll
wir	müssen	können	wollen	dürfen	mögen	sollen
ihr	müsst	könnt	wollt	dürft	mögt	sollt
sie, Sie	müssen	können	wollen	dürfen	mögen	sollen

> Ich **darf** nicht zum Fußballspiel nach Hamburg **fahren**.

KB S. 35, 82

c Imperativ

> **Räum** doch dein Zimmer **auf**!

Du kommst mit.   Komm mit!
Ihr kommt mit.   Kommt mit!
Sie kommen mit. Kommen Sie mit!

KB S. 16

d Präteritum von *sein, haben* und Modalverben

	sein	haben	können
ich	war	hatte	konnte
du	warst	hattest	konntest
er, es, sie, man	war	hatte	konnte
wir	waren	hatten	konnten
ihr	wart	hattet	konntet
sie, Sie	waren	hatten	konnten

> Diese Erfahrung **mussten** auch Elisabeth und Veronika **machen**.

ebenso:
müssen – m**uss**te
dürfen – d**urf**te
wollen – w**oll**te
sollen – s**oll**te
mögen – ❗ mo**ch**te

KB S. 22, 73

e Perfekt

> Was **ist** passiert?

haben   Partizip
Jemand **hat** Campingurlaub **gemacht**.

sein   Partizip
Der Grill **ist umgefallen**.

Perfekt mit *sein*: fahren, kommen, gehen, laufen, schwimmen, aufstehen, fallen, passieren, steigen, einsteigen, aussteigen, verreisen, umfallen …

KB S. 22, 72

Weißt du's noch? — GRAMMATIK-WIEDERHOLUNG

2 Artikel, Nomen und Pronomen, Präpositionen

a Nomen im Plural

Nomen (Plural)	
Lampe**n**	**-(e)n**: Jacke**n**, Hose**n** …
Bleistift**e**	**-e/⸚e**: Schuh**e**, Röck**e** …
Büch**er**	**-er/⸚er**: Kleid**er**, Kaufhäus**er**, …

Nomen (Plural)	
Fenster	**-/⸚**: Pullover, Mäntel, Stiefel …
Auto**s**	**-s**: Schal**s**, T-Shirt**s** …

eine Hose   Hosen

 KB S. 12

b Nominativ

	Nomen	indefiniter Artikel	Negativartikel	definiter Artikel	Pronomen
maskulin	• Rock	**ein** Rock	**kein** Rock	**der** Rock	**er**
neutral	• Hemd	**ein** Hemd	**kein** Hemd	**das** Hemd	**es**
feminin	• Jacke	**eine** Jacke	**keine** Jacke	**die** Jacke	**sie**
Plural	• Röcke, • Hemden, • Jacken		**keine** Röcke, Hemden, Jacken	**die** Röcke, Hemden, Jacken	**sie**

c Akkusativ

Akkusativ
→ bei maskulin Singular • d**en**, kein**en**, dein**en**

Nimmst du den • Mantel?
Ich brauche (k)ein**en** • Mantel.
Wie viel hast du für dein**en** • Mantel bezahlt?

Ich brauche noch **eine** Hose.

 KB S. 14, 32

d Dativ

	Nomen	Dativ
maskulin	• Zug	**dem** Zug
neutral	• Fahrrad	**dem** Fahrrad
feminin	• U-Bahn	**der** U-Bahn
Plural	• Züge, Fahrräder, U-Bahnen	**den** Zügen, den Fahrrädern, den U-Bahnen

e Pronomen

Nominativ	Akkusativ	Dativ
ich	mich	mir
du	dich	dir
er	ihn	ihm
es	es	ihm
sie	sie	ihr
wir	uns	uns
ihr	euch	euch
sie	sie	ihnen
Sie	Sie	Ihnen

Hast du mit **ihm** telefoniert?

Ja, ich habe **ihn** zu **mir** eingeladen.

 KB S. 34, 85

einhundertsiebenundachtzig   **187**

GRAMMATIK-WIEDERHOLUNG — Weißt du's noch?

f Präpositionen mit Dativ und Akkusativ

+ Akkusativ	+Dativ	+Akkusativ (Wohin?) + Dativ (Wo?)
durch, für, ohne, gegen, um	mit, zu, bei, aus, von, nach	in, an, auf, neben, vor, hinter, über, unter, zwischen

> Präposition + dem, das, der:
> bei → **beim** (bei + dem)
> von → **vom** (bei + dem)
> in → **im**, **ins** (in + dem, das)
> an → **am**, **ans** (an + dem, das)
> zu → **zum**, **zur** (zu + dem, der)

> Wie komme ich **zum** Baumarkt?

> Du musst **durch** den Park gehen.
> Geh **beim** Supermarkt **nach** rechts.

 KB S. 24, 103

3 Satz

a Nebensatz mit *wenn*

Man ist erwachsen. Man **ist** 18 Jahre alt.   Man ist erwachsen, **wenn** man 18 Jahre alt **ist**.

Man **ist** 18 Jahre alt. Man **darf** Auto fahren.   **Wenn** man 18 Jahre alt **ist**, **darf** man Auto fahren.

> Wann ist man erwachsen?

> Ich denke, man ist erwachsen, **wenn** man eine eigene Wohnung **hat**.

 KB S. 78

b Nebensatz mit *weil*

Markus mag seinen Beruf, er **ist** nie langweilig.   Markus mag seinen Beruf, **weil** er nie langweilig **ist**.

Markus **ist** Synchronsprecher geworden,   Markus ist Synchronsprecher geworden,
er **hat** als Kind schon gern Figuren gesprochen.   **weil** er als Kind schon gern Figuren gesprochen **hat**.

> Warum findest du den Beruf interessant?

> **Weil** man jeden Tag eine neue Aufgabe **hat**.

 KB S. 91

c Satz mit *deshalb*

♦ **Warum** war sie nach der Arbeit oft müde?
○ Sie hat viel gearbeitet. **Deshalb war** sie nach der Arbeit oft müde.

 KB S. 76

d Fragesatz

Ja/Nein-Frage   **Bist** — **du** — mit deinem Computer zufrieden?
W-Frage   Wie viel **hat** — dein Computer — gekostet?

> **Hast du** Monas neuen Freund schon **gesehen**?
> Wie alt **ist er**?

 KB S. 116

188   einhundertachtundachtzig

LÖSUNGEN TESTS

TEST 13 + 14

GRAMMATIK

1. **b** älter **c** teurer **d** kälter **e** besser

2. **b** Könntest / Würdest … anrufen
   c Könntet / Würdet … mitbringen
   d Könntest / Würdest … essen
   e Könnten / Würden … einsteigen

3. **b** habe … vergessen **c** Hast … eingeladen
   d bist … ausgestiegen **e** habe … probiert
   f hat … begonnen

4. **b** die **c** der **d** den **e** einem **f** ihre

5. **b** zur **c** nach **d** zum **e** nach

WORTSCHATZ

6. **b** zu eng **c** zu schnell
   d zu laut **e** zu schwierig

7. **a** Bluse **b** Kleid, Rock **c** Stiefel, Schuhe
   d Socken, Handschuhe **e** Mantel, Jacke

8. **a** Regen, regnet **b** Sonne, sonnig, Wolken
   c Nebel, Wind, neblig, windig **d** Schnee, schneit

ALLTAGSSPRACHE

9. **b** gibt es sie auch in Grün **c** vielleicht das nächste Mal
   d Das klingt gut **e** er macht nur Spaß

TEST 15 + 16

GRAMMATIK

1. **Akkusativ**
   sehen – Ich sehe dich.
   anrufen – Ich rufe dich an.
   fragen – Ich frage dich.
   besuchen – Ich besuche dich.
   lieben – Ich liebe dich.
   einladen – Ich lade dich ein.

   Dativ
   gefallen – Ich gefalle dir.
   helfen – Ich helfe dir.
   gratulieren – Ich gratuliere dir.
   schmecken – Die Pizza schmeckt dir.

2. **b** dir **c** mich **d** dich **e** ihm

3. **b** Wem **c** Wen **d** Wen **e** Wem

4. **b** Ihr sollt euer Zimmer aufräumen!
   c Wir sollen um elf wieder zu Hause sein.
   d Frau Müller, Sie sollen zum Direktor kommen.
   e Soll ich Niklas anrufen oder ihm eine SMS schreiben?

5. **b** am liebsten **c** größte **d** älteste
   e am schwierigsten

6. **b** Nedim sagt, dass seine Schwester einen Filmschauspieler heiratet. **c** Mara sagt, dass sie Saltos machen kann. **d** Emilia sagt, dass sie schon einmal auf einem Segelschiff gefahren ist.

7. **b** Welcher, Dieser **c** Welche, diese
   d Diese, Welche

WORTSCHATZ

8. **a** hübsch **b** intelligent **c** stark
   d schlank **e** vorsichtig **f** dunkelhaarig

9. **m** = Meter **l** = Liter **kg** = Kilogramm
   g = Gramm **t** = Tonne **'(min)** = Minute
   cm = Zentimeter **cm³** = Kubikzentimeter

ALLTAGSSPRACHE

10. **a** Das geht leider nicht **b** das ist peinlich
    c in Wirklichkeit **d** ich bin nicht sicher
    e zum Beispiel

TEST 17 + 18

GRAMMATIK

1. **Wo?** in der Stadt wohnen, in der Schule bleiben, auf dem Sofa sitzen, vor dem Fernseher essen
   Wohin? neben das Bett stellen, ins Regal legen, an den Strand fahren, ins Café gehen

2. neben die Tür, neben der Tür, ins Schlafzimmer, auf dem Bett, auf dem Stuhl, auf dem Boden

3. **b** mussten **c** durfte **d** wollte
   e sollte **f** mochte

4. **b** dass die Schulmannschaft das Basketballspiel gewinnt. **c** dass Realityshows oft sehr viele Zuschauer haben. **d** dass man mit 18 keine Comics mehr lesen sollte. **e** dass der Osterhase die Eier im Garten versteckt hat.

5. **b** Wenn es sehr heiß ist, gehen wir ins Schwimmbad.
   c Wenn es regnet, geht es den Pflanzen im Garten gut.
   d Wenn es Schnee gibt, können wir Ski fahren.

WORTSCHATZ

6. **b** Messer **c** Gabel **d** Löffel **e** Besteck
   f Glas **g** Salzstreuer **h** Serviette

7. **Leon:** Hauptschulabschluss, Lehre, Fotograf
   Tim: Abitur, Universität, Architekt

ALLTAGSSPRACHE

8. **a** Das ist meine Sache **b** Ich bin fertig
   c Das haben wir gleich **d** Alles wird komplizierter
   e Ja, ja, ist schon gut

LÖSUNGEN TESTS

TEST 19 + 20

GRAMMATIK

1. **b** findet **c** laufen **d** geht **e** kauft

2. **b** einen schweren Unfall hatte
   c hat sie noch viele Fans **d** große Angst hatte
   e will sie von zu Hause ausziehen

3. **b** obwohl **c** weil **d** trotzdem
   e wenn **f** Deshalb

4. **b** streiten sich **c** uns verletzen **d** fühlt … sich
   e ärgere mich **f** euch ausruhen

5. **b** eines, seines **c** welche, ihre
   d eine, deine **e** welche, eure

WORTSCHATZ

6. **b** Gips **c** Salbe **d** Unfall **e** blutest
   f Fieber **g** Pflaster

7. **b** links **c** unten **d** vorne **e** hinaus **f** hier

ALLTAGSSPRACHE

8. **a** nie im Leben **b** Stell dir vor **c** Tatsächlich
   d Das heißt **e** Du vielleicht

TEST 21 + 22

GRAMMATIK

1. neuen, neuen, lange, blonde, Lange, neue, rotes, roten, blauer, großen

2. **b** Lena hätte gern auch einen Hund.
   c Jakob hätte gern mehr Zeit.
   d Jan hätte gern seinen Regenmantel.
   e Kai würde gern nach Berlin fahren.
   f Ina und Tom würden gern einen anderen Film sehen.

3. **a** letztes **b** letztes **c** nächsten
   d diese, nächste **e** letztes

4. **a** Vor **b** Seit **c** Wie lange
   d Wann **e** Bis **f** Bis wann

5. **b** werden … gezeigt **c** wird … gemacht
   d werden … operiert **e** wird … gespielt
   f werden … verkauft

TEST 21 + 22

WORTSCHATZ

6. **a** Komödie **b** Science-Fiction
   c Liebesfilm **d** Horrorfilm

7. **a** originell **b** prima **c** begeistert
   d spannend **e** peinlich **f** schwach
   g romantisch **h** hervorragend

ALLTAGSSPRACHE

8. **a** Warum ich **b** Ich wollte immer schon
   c Lass dich nicht so bitten **d** das sagen alle
   e Ich weiß von nichts

TEST 23 + 24

GRAMMATIK

1. **b** der jeden Tag mit dem Auto zur Arbeit fährt
   c die eine gute Freundin meiner Mutter ist
   d die in dieselbe Schule wie ich gehen
   e der zwei Jahre älter als ich ist
   f die so alt wie ich ist

2. **b** der Titanic **c** der Aufgaben **d** des Projekt
   e des Eiffelturms **f** des Tages **g** der Expedition
   h des Fußballs

3. **b** wie viel der Tanzkurs kostet.
   c ob sie die Mathehausaufgabe gemacht hat.
   d ob der Wandertag auch bei Regen stattfindet.
   e Welches Buch sie für Englisch lesen müssen.

4. **b** zu bauen **c** fahren **d** mitzuspielen
   e Klavier üben **f** aufzuräumen

WORTSCHATZ

5. **a** speichern **b** Monitor **c** Tastatur **d** Maus
   e Ordner **f** ausdrucken **g** Soziale Netzwerke

6. **a** erklärt **b** erzählt **c** zeigen **d** leiht
   e schickt **f** zurückgeben

ALLTAGSSPRACHE

7. **a** das ist der mit **b** Zahlst du bar oder mit Karte
   c Schade eigentlich **d** dringend
   e So fängt es an

PARTNERÜBUNGEN

25 SPRECHEN Ihr wollt zusammen eure Lieblingsserie sehen. Findet einen Termin. Partnerin/Partner A benutzt den Terminkalender auf Seite 93, Partnerin/Partner B den Terminkalender auf dieser Seite.

Wollen wir zusammen … sehen? Hast du Lust?
Ja, das ist eine gute Idee, wann hast du Zeit?
Geht es am … um …?
Nein, leider nicht, da … Aber um … kann ich.
Gut, dann komme ich am … um … zu dir und wir … zusammen …

28 SPRECHEN Ihr wollt in dieser Woche nachmittags eure gemeinsame Ferienreise planen. Findet einen Termin. Partnerin/Partner B benutzt den Terminkalender auf dieser Seite, Partnerin/Partner A den Terminkalender auf Seite 180.

Wollen wir zusammen unsere Ferienreise planen? Hast du Lust?
Ja, das ist eine gute Idee. Wann hast du Zeit?
Geht es am … um …?
Leider nicht, da kann ich nicht, da …
Könntest du …?
Nein, leider. Ich habe … gesagt, dass ich ganz sicher …
Aber am … habe ich Zeit.
Gut, dann komme ich am … um … zu dir und wir … zusammen.

QUELLENVERZEICHNIS

Cover: Mädchen © Getty Images/Moment/Roos Koole; Junge © Getty Images/iStock/photographer
S. 9: Ü1 von oben: © Getty Images/iStock/Ridofranz; © Getty Images/E+/PeopleImages; © Getty Images/E+/ciricvelibor; © Getty Images/E+/aldomurillo; © Getty Images/iStock/gbh007
S. 15: Schuhe © Getty Images/iStock/AlexandrBognat; Musikbox © Getty Images/iStock/Anna Khomenko
S. 18: von oben: © PantherMedia/elenathewise (YAYMicro); © PantherMedia/Kati Neudert; © Getty Images/iStock/Urilux
S. 22: Weltkarte © ii-graphics - stock.adobe.com; Piktos: Hubschrauber, Auto © Getty Images/iStock/f9b65183_118; Flugzeug © Thinkstock/iStock/LueratSatichob
S. 32: © dpa picture-alliance/Marylin Terrell – Der US-Amerikaner Matt Harding tanzt im August 2011 auf dem Flugzeugträger USS Abraham Lincoln vor der kalifornischen Küste. Mit Tanzvideos an exotischen Orten ist der Amerikaner Matt Harding weltweit bekannt geworden. Millionen Fans schauen seinen neuen Schritten in Afghanistan, Nordkorea und Syrien im Netz zu. (zu dpa: «Matt Harding tanzt wieder – von Dresden über Kabul bis Nordkorea» vom 03.09.2012)
S. 33: Ü28: Karte, Flugzeug, Schiff © Getty Images/iStock/f9b65183_118; Karte © ii-graphics - stock.adobe.com
S. 43: Tom © Patryssia - stock.adobe.com; Lilly © Getty Images/iStock/JLco – Ana Suanes; Miriam © Getty Images/E+/PepeLaguarda; Mary © Getty Images/E+/Linda Raymond
S. 52: Foto © dpa Picture-Alliance/AP Images/Than Nienh Newspaper | 19. Juni 2004: Tran Van Hay, 67, aus dem Bezirk Chau Thanh in der südlichen Provinz Kien Giang in Vietnam posiert für ein Foto, das seine über 6,2 Meter langen Haare zeigt. Er hat einen Eintrag im Guinness-Buch von Vietnam und es wird erwartet, dass sein Name bald in das Guinness-Rekordbuch der Welt eingetragen wird. Hay hat sich seit 31 Jahren nicht die Haare schneiden lassen.
S. 68: Koch © Getty Images/E+/monzenmachi; Essstäbchen © Getty Images/iStock/Bigmouse108
S. 77: Melina © Getty Images/E+/LifestyleVisuals; Emil © DDRockstar - stock.adobe.com; Stella © Getty Images/iStock/Rohappy
S. 78: Albert Einstein, deutsch-amerikanischer Physiker © Science History Images / Alamy Stock Foto; Claudia Schiffer bei der Serpentine Gallery Summer Party in der Serpentine Gallery, Kensington Gardens, London – Großbritannien am Mittwoch, 28. Juni 2017 © LANDMARK MEDIA / Alamy Stock Foto; Beethoven © Getty Images/DigitalVision Vectors/Keith Lance
S. 81: Büroassistentin © Getty Images/iStock/Mirel Kipioro; Mechaniker © iStock/1001nights; IT-Fachfrau © Getty Images/E+/jeffbergen; Pflegefachkraft © Thinkstock/Stockbyte/altrendo images
S. 82: Projekt „Schwarzwaldhaus 1902" – Familie Boro, moderne Großstadtfamilie, lebt wie vor 100 Jahren, ohne Telefon, Strom, Fernseher und fließend Wasser, als Selbstversorger, abgeschottet von der Außenwelt, unter ständiger Beobachtung eines Kamerateams. Schwarzwald-Haus, Baden-Württemberg, Deutschland, 29.09.2001 © laif/Theodor Barth, Bilder von links nach rechts: Ismail (vorne links), Reya (vorne rechts) und Sera (hinten) beim Heraufziehen des Holzwagens. | Marianne Boro hilft Ismail Boro beim Tragen die letzten Meter auf dem Rückweg zum Haus mit voller Kiepe. | Reya Boro beim Melken | Reya beim Pflügen mit Ochsen. | Akay Boro fuettert die Kaninchen und Meerschweinchen; Schwarzwaldhaus © atosan – stock.adobe.com
S. 92: Schiff © Thinkstock/Hemera/Anton Balazh
S. 93: © Getty Images/E+/SolStock
S. 99: Skifahrer © Christian Maislinger (Mit freundlicher Genehmigung der Familie Aigner); Skistöcke © Getty Images/iStock/Lilkin
S. 108: Kleeblatt und Biene © Getty Images/iStock/Turqay Melikli
S. 109: Illustration © Getty Images/iStock/Visual Generation
S. 112: Gruppe © Hitoshi Yamada/NurPhoto SRL/Alamy Stock Foto – Japanische Frauen in Kimonos nehmen am 13. Januar 2020 an der Feier zum Coming of Age Day in Tokio, Japan, teil.; Springer © Katya Tsvetkova/Alamy Stock Foto – Pentecost (Pfingstinsel) Vanuatu - 2019: Traditionelle melanesische Nagol-Landtauchzeremonie (Männer springen mit Weinreben von Holztürmen).
S. 113: Piktogramme © Getty Images/E+/cajoer
S. 116: Disco © Thinkstock/iStock/Bojan Pipalović;
S. 117: Frau © Ruslan Russland – stock.adobe.com
S. 121: Fallschirm © iStock/Elnur
S. 122: Frau © Getty Images/iStock/standret; Vorrang Gegenverkehr © fotolia/reeel; Durchfahrt verboten © fotolia/sunt; Zebrastreifen © Bundesanstalt für Straßenwesen
S. 123: Schilder © fotolia/sunt; Lena © Getty Images/E+/oleg66
S. 125: Zebrastreifen © Bundesanstalt für Straßenwesen
S. 128: Mann © David Fuentes - stock.adobe.com
S. 129: Sarah © Getty Images/iStock/Tatyana Maximova
S. 130: Kim © Getty Images/iStock/Saadetalkan; Paul © Getty Images/iStock/Highwaystarz-Photography; Helena © Getty Images/iStock/Photo_Concepts
S. 135: Jugendliche © Getty Images/E+/kali9
S. 156: Blatt und Blume © Getty Images/iStock/heibaihui
S. 157: Ü4 © Martin Lange
S. 160: Illustration © Cornelia Krenn, Wien
S. 161: Ü14 a – i: © Getty Images/DigitalVision Vectors/kenex
S. 169: Ü C1c: © Getty Images/DigitalVision Vectors/kenex
S. 170: Homer © Getty Images/DigitalVision Vectors/Nastasic; Troja © Getty Images/iStock/D_Zheleva
S. 175: Frau © Getty Images/iStock/tonefotografia; Mann © Getty Images/E+/FreshSplash
S. 186: Ü1c: Skifahrerinnen © Christian Maislinger (Mit freundlicher Genehmigung der Familie Aigner)

Gesamtes Lehrwerk: kariertes Papier © Getty Images/iStock/TARIK KIZILKAYA

Produktionsfotos: Alexander Sascha Keller, München
Illustration: Beate Fahrnländer, Lörrach
Schülerillustration: Cornelia Krenn, Wien
Bildredaktion: Natascha Apelt, Hueber Verlag, München

Inhalt der Hörtexte zum Buch

© 2023 Hueber Verlag GmbH & Co. KG, München, Deutschland – Alle Urheber- und Leistungsschutzrechte vorbehalten. Kein Verleih! Keine unerlaubte Vervielfältigung, Vermietung, Aufführung, Sendung. Keine Haftung für Schäden, die bei unsachgemäßer Bedienung des Abspielgeräts bzw. der Software hervorgerufen werden können.
Sprecherinnen und Sprecher: Peter Frerich, Manuel Scheuernstuhl, Peter Veit, Walter von Hauff, Dascha von Waberer, Lilith von Waberer, Lara Wurmer, u. a.
Produktion: Atrium Studio Medienproduktion GmbH, 81379 München